名师名校名校长

凝聚名师共识
回应名师关怀
打造名师品牌
培育名师群体

大概念教学的

单元整体
设计案例

宋晓朋　主编

山西出版传媒集团
山西人民出版社

图书在版编目（CIP）数据

大概念教学的单元整体设计案例 / 宋晓朋主编.

太原 ：山西人民出版社，2024. 8. -- ISBN 978-7-203
-13483-1

Ⅰ. G632.0

中国国家版本馆CIP数据核字第2024YK5262号

大概念教学的单元整体设计案例

主　　编：宋晓朋
责任编辑：贾　娟
复　　审：李　鑫
终　　审：梁晋华
装帧设计：言之凿

出版发行：山西出版传媒集团·山西人民出版社
地　　址：太原市建设南路21号
邮　　编：030012
发行营销：0351-4922220　4955996　4956039　4922127（传真）
天猫官网：https://sxrmcbs.tmall.com　电话：0351-4922159
E-mail：sxskcb@163.com　发行部
　　　　　sxskcb@126.com　总编室
网　　址：www.sxskcb.com

经 销 者：山西出版传媒集团·山西人民出版社
承 印 厂：北京政采印刷服务有限公司

开　　本：710mm×1000mm　　1/16
印　　张：14.25
字　　数：180千字
版　　次：2025年3月　第1版
印　　次：2025年3月　第1次印刷
书　　号：ISBN 978-7-203-13483-1
定　　价：58.00元

如有印装质量问题请与本社联系调换

目 录

上 篇 自然单元整体设计案例

中 篇 跨学段单元整体设计案例

下 篇 跨学科单元整体设计案例

上 篇

自然单元整体设计案例

人教版语文五年级下册
第五单元整体设计

深圳市龙岗区平湖第二实验学校　傅明

一、学习主题

本单元是习作单元，学习主题是培养学生习得描写人物的基本方法，并在习作中能初步运用，具体地表现一个人的特点。

二、学习活动

本单元的学习活动充分体现习作单元，指向习作的特点。

（一）单元各部分的功能定位

精读课文、交流平台、初试身手、习作例文、单元习作有各自的功能定位，但彼此间又有着密切的关联，是一个不可分割的整体。

（1）本单元中的阅读教学也是为了指向学生写作能力的培养，体现"教材无非是个例子"的原则。两篇精读课文《人物描写一组》《刷子李》的教学目标集中指向培养习作能力，让学生体会人物描写的基本方法和效果。

（2）交流平台、初试身手则是在学习精读课文的基础上，让学生交流、总结写人的基本方法，并结合生活情境，初步尝试运用。

（3）习作例文是学生进行习作表达的重要参考资料，则充分发挥例文的习作样板作用和引导作用，优化作前指导和作后评析。

作前指导阶段，引导学生阅读习作例文和批注，梳理例文写人的方法，结合批注深入体会。作后评析阶段，组织学生之间的评价交流活动时，让学生根据批注的提示，对同学的习作进行批注，促进学生深入思考。

（4）习作《形形色色的人》，则是在本单元学习任务的基础上，进行习作实践，要求学生能达到：

① 审题：通过审题，明确写作要求。

② 选材：选取表现人物特点的典型事例。

③ 习作手法：运用所学的人物描写基本方法。

④ 习作效果：运用的方法要能够表现人物的特点，让文章具体生动。

（二）精读课文的习作训练重点

统编版语文教材专门设置了习作单元，是我们进行作文指导的重要抓手。我们不能把习作单元上成普通的阅读课，而应该结合语文要素，充分挖掘习作单元中的写作资源，对学生进行作文指导。统编版语文教材五年级下册第五单元就是专门指向人物描写方法的习得，该单元的语文要素是：①学习描写人物的基本方法；②初步运用描写人物的基本方法，具体地表现一个人的特点。

1. 动作描写

本单元《人物描写一组》中就有着精彩的动作描写。

首先，我们要分清楚动作描写的基本类型。动作描写可以分为连续性动作描写和重复性动作描写。在教学《人物描写一组》时，我们应该对比两种动作描写的异同，根据其特点分别展开教学。

《摔跤》中的动作描写是连续性动作描写，应抓住关键性的动词来让学生品味。笔者在教学时从读到写，让学生结合校运会上我们班的胡同学跳高夺冠的视频，来进行连续动作描写的训练。

《两茎灯草》中的动作描写是重复性动作描写，应抓住严监生伸着手指、摇头这两个典型动作让学生对比。严监生先是"伸着两个指头"，然后"越发指得紧了"，后来"那手只是指着不动"；大侄子没猜对他的意思，他"把头摇了两三摇"；二侄子也没猜对，他"把头又狠狠摇了几摇"；奶妈也猜错了，他感到一丝绝望，"把眼闭着摇头"。这些重复的典型动作推动了情节的发展。我们可以让学生边朗读边表演严监生的动作，体会人物的心情。笔者在教学时，在带学生品味原文后，又设置情境进行小练笔："假如严监生穿越到现代，他依然很富有。有一天，他去买菜，他兜里有很多钱，他会舍得花吗？"并给学生提示捂着裤口袋、摇头等典型重复动作，让学生写出严监生的吝啬。这体现了创造性思维在课堂中的有效运用，让学生学习抓住典型重复动作进行动作描写来塑造人物形象。

2. 外貌描写

《人物描写一组》中的《他像一棵挺脱的树》为了表现车夫祥子旺盛的生命力，细致描写了他结实健美的身体，外貌描写非常生动传神。在欣赏老舍先生的细腻文笔的基础上，重点训练学生运用外貌描写写出人物的特点。

3. 侧面描写

《刷子李》中既有正面描写，也有侧面描写。通过描写曹小三心情的变化，反衬出刷子李技艺的高超。在这一课的学习中，引导学生与前一课进行对比，同中求异提炼写人方法，介绍侧面描写的手法。

4. 典型事例

《两茎灯草》还有一个训练重点，就是引导学生学会选取典型事例。结合"交流平台"的内容，引导学生体会写作时应该选择最能表现人物特点的典型事例。为了突出严监生吝啬鬼的形象，作者选取了严监生临死时仍惦记节省油灯的事例。对比文学作品和生活中，人们临终前交代的事情，让学生体会到严监生吝啬到骨头里，直到生命的最后一秒这样鲜明的人物特点。

（三）构建人物细节描写训练体系

1. 课堂指导，体会细节

课文是最好的范例。课本中有许多文质兼美、细节传神的文章。在平时的教学中，我们在课文教学中引导学生欣赏细节描写，了解细节描写类型和作用，让学生随文理解课本中人物细节描写的精妙之处。

2. 摘抄片段，练习仿写

在欣赏课本中人物细节描写的基础上，让学生加以仿写，体现读写结合的原则。语文学习离不开大量的课外阅读。笔者引导学生通过名著摘抄的方式来学习细节描写，每次摘抄以一种类型的细节描写为主题，并让学生写下感悟，并试着应用相同的手法仿写一段话。从课内到课外，我们充分挖掘学习人物细节描写的范例资源，通过仿写训练学生的描写能力。

3. 加强观察，丰富细节

俗话说："巧妇难为无米之炊"，"米"指的就是作文素材。首先要让学生学会观察，其次要在观察中抓住人物特点，最后把观察的素材诉诸笔端。作文素材源自生活。我们鼓励学生表达真情实感，描写自己的真实生活。艺术源于生活，又高于生活。作文的写作同样如此，素材应该源自学生自己的真实生活，这样可以避免学生写的作文假大空。

4. 课文为例，专题突破

进行人物细节描写专题作文指导课，让学生掌握人物细节描写的方法，并指导其写作实践，把平时的积累转化为写作中的能力。在学习完《人物描写一组》后，对三个片段中的人物描写进行梳理，重点对比《摔跤》中的连续动作描写，和《两茎灯草》中的重复动作描写，体会动作描写的精妙，并理解根据人物特点的不同，要选用不同的动作描写。并且，在回顾课文中动作描写的基础上，进一步进行动作描写的专项训练，学习一字传神法、动作拆分法、修饰动词法等动作描写的方法。

5. 写作训练，由仿到创

针对写人、写事、写景的文章，着重训练描写人物外貌、神态、心理、动作、语言，开始时每次作文有重点地训练一种描写方法，让学生进行细节描写创作。在专项练习基础上，鼓励学生在作文中综合运用各种细节描写手法。同时鼓励学生在习作时，大胆想象，巧用修辞。特别要强调的是要多方面展现人物特点，让人物在学生笔下"活"起来。

6. 评价反馈，形成习惯

在作文点评中对学生的细节描写进行点评，并让学生通过修改作文提高人物细节描写的水平。使用评价反馈表提高学生的反思能力。收集学生优秀作品集，鼓励学生进行投稿发表，激发学生写作热情。通过多管齐下，让学生提升在习作中运用人物细节描写的能力，享受写作的乐趣。

三、本单元的逆向设计

（一）阶段一：预期结果

1. 所确定的目标

学生可以在习作中初步运用描写人物的基本方法，具体地表现一个人的特点。

（1）学生能通过审题，确定习作要求的重点。

（2）学生学会选用典型事例表现人物特点。

（3）学生了解外貌描写、动作描写、神态描写、语言描写、心理描写等人物描写的方法，并能初步运用。

（4）学生了解侧面描写的方法，体会课文如何通过描写周围人的反应，间接写出人物的特点，并能初步运用。

2. 基本问题

（1）什么样的事例叫典型事例？

（2）人物细节描写是什么？

（3）侧面描写是什么？

3. 理解

（1）最能够表现人物特点的事例叫典型事例。

（2）人物细节描写指的是外貌描写、动作描写、神态描写、语言描写、心理描写。

（3）侧面描写是通过描写人物周围的人或环境来简介表现人物的特点。

4. 学生将会知道

（1）关键术语——人物细节描写、侧面描写。

（2）习作时应选择最能表现人物特点的典型事例。

（3）为了表现人物特点，选择使用恰当的人物细节描写手法。

（4）可以通过侧面描写周围人的反应，间接写出人物的特点。

5. 学生将能够做到

（1）根据想要表现的人物的特点，选取典型的事例。

（2）能初步运用外貌描写、动作描写、神态描写、语言描写、心理描写等人物描写的方法，表现人物特点。

（3）能初步运用侧面描写，表现人物特点。

（二）阶段二：评估证据

1. 表现性任务

（1）准确描写——学生在看了同学跳高视频后，完成连续动作描写小练笔。

（2）脑洞大开——学生完成小练笔：描写吝啬鬼严监生穿越到现代买菜的样子。

（3）情境写作——学生完成动作描写片段写作：《吃粽子》或《我整理房间》。

（4）小组合作——小组合作完成《猜猜这是谁》的片段写作，比比看哪组的描写最生动，非常准确地抓住了人物特点，让人非常容易猜出写的是谁。

（5）思维导图——根据习作要求，选取典型的事例表现人物的特点，整理写作思路。

（6）完成习作——完成单元习作《形形色色的人》，并根据同学、老师的评价修改完善。

2. 其他证据

（1）摘抄仿写——学生完成外貌描写、动作描写、神态描写、语言描写、心理描写的名著摘抄和仿写。

（2）专项训练——学生完成人物细节描写专项训练练习，包括外貌描写、动作描写、神态描写、语言描写、心理描写片段写作，和最后的综合训练。

3. 学生的自我评价和反馈

（1）自评动作描写小练笔。

（2）自评严监生到现代买菜的小练笔。

（3）自评动作描写片段写作《吃粽子》或《我整理房间》。

（4）自评单元习作《形形色色的人》，反思是否达到了习作要点的各项要求。

（三）阶段三

表1　学习计划

分类	内容	课时	教学目的			学习活动
精读课文	《人物描写一组》	3	能结合课文描写的相关语句，说出人物的特点	《摔跤》	学习连续动作的描写	加上动作朗读课文，体会小嘎子的性格特点

续 表

分类	内容	课时	教学目的		学习活动
精读课文					学会把大动作拆分为连续的小动作进行描写 动词填空，描写投篮 完成小练笔：运用连续动作描写，把同学跳高夺冠的情景描写出来
			《两茎灯草》	1.学习重复动作的描写 2.学习典型事例的选取	1.对比阅读《摔跤》和《两茎灯草》中的动作描写 2.角色扮演，表演严监生和周围人的对话和动作，体会严监生吝啬鬼的形象 3.学习选材：课文选取了严监生临死时仍惦记节约灯油这件事，表现他的吝啬 2.完成小练笔：假如吝啬鬼严监生穿越到现代去买菜，会是怎样的情景呢？请描写出来

10

续 表

分类	内容	课时	教学目的		学习活动
精读课文	《刷子李》	2	《他像一棵挺脱的树》	学习外貌描写	1.默读课文，圈画出表现祥子人物特点的语句，并做批注 2.完成外貌描写的摘抄仿写练习
			学习侧面描写的作用		1.默读，圈画直接描写刷子李技艺高超的语句，体会其作用，并在全班交流 2.绘制曹小三的心理曲线，从崇敬到质疑再到崇敬，侧面反映出刷子李的高超技艺
作文指导课	《小动作成就大文章》	1	进行动作描写的专题指导 能够运用动作描写，表现人物特点		1.回顾课文中的动作描写 2.进一步学习一字传神法、动作拆分法、修饰动词法等动作描写的方法 3.完成动作描写片段写作：《吃粽子》或《我整理房间》
交流平台		1	能交流、总结写人的基本方法		绘制思维导图《写人的基本方法》，建构自己的知识树

续 表

分类	内容	课时	教学目的	学习活动
初试身手			能试着用学过的方法描写一个同学	小组合作完成"猜猜这是谁"的腾讯文档，综合运用各种人物细节描写手法： 1.每组利用腾讯文档，让学生进行小组合作，描写一个每天在学校都能看到的人，运用外貌、动作、语言、神态、心理等人物细节描写，要写出人物的特点，每组完成300字左右的描写片段 2.各小组同学查看别组的描写片段，讨论猜测描写的人物分别是谁，把猜到的答案也写入"猜猜这是谁"的腾讯文档，分享给大家 3.各小组揭晓答案，大家一起讨论评价各组描写的优缺点，教师总评，描写最准确和猜对答案最多的小组都将获得奖励

续 表

分类	内容	课时	教学目的	学习活动
习作例文	我的朋友容容	2	能结合例文和批注，进一步感知写人的基本方法 能选择典型事例，通过描写语言、动作、外貌、神态、心理等，具体地表现人物的特点	1.默读短文，你觉得容容是个怎样的孩子？ 2.结合批注，想一想：课文是如何写出容容的这些特点的？这样写有什么好处？ 3.给例文列出提纲
	小守门员和他的观众们			1.默读课文，说一说课文写了哪些人物？分别有什么特点？作者是通过什么方法描写人物特点的？ 2.我的发现：这篇例文与上一篇有什么不同？ 3.给例文列出提纲
习作	作前指导	1	能够抓住人物特点，选取典型事例理清写作思路，规划文章结构	1.审题，抓住习作要求的3个关键词：①"一个人"②"人物的特点"③"写具体" 2.辨析材料，选取表现"叔叔记忆力超群"的事例，就习作要求中的举例训练选取典型事例的能力

续 表

分类	内容	课时	教学目的	学习活动
习作				3.画思维导图,先进行发散思维,再通过小组讨论,明确自己要选取哪些典型事例表现人物的哪个特点 4.列出文章提纲
	作后评析	1	看看自己的习作有没有具体的表现出人物的特点 根据同学、老师的意见进行修改	1.自评 2.互评 3.全班分享 4.教师点评

四、学习评价

本单元的核心目标是培养学生写人的能力,教学评价均围绕这一核心目标,体现以评价促进学习的原则。具体请见上文"本单元的逆向设计"的阶段二:评估证据。

持续性的评价贯穿在本单元的学习过程中。最后的成果性评价是对习作《形形色色的人》的评价。

在习作完成后,开展自评、互评、教师点评等评价活动。

(一)出示要点,自我修改

要点:

(1)有没有突出人物的特点。

(2)事例是否典型具体。

(3)写人方法的运用是否恰当。

（二）同桌互评，合作修改

（1）同桌共读习作。

（2）对照要点，逐一审视、修改。

（3）大声朗读修改后的作品。

（三）全班交流，集思广益

（1）指名3—5名学生朗读自己的作品，讲述修改过程。

（2）听众反馈：他写了人物什么特点？他通过什么事例来突出特点的？他运用了哪些写作方法？我的建议是什么？

（四）教师点评，完善修改

（1）教师点评学生习作，归纳共性问题，指出完善方向。

（2）学生再次修改习作。

人教版语文八年级下册
第四单元整体设计

深圳市龙岗区新梓学校　谢锋俊

一、单元说明

本单元为演讲学习单元，以"活动·探究"的单元形式，来安排学习任务，强调学生的"自主"学习，主要教学目标就是学习演讲，这里学习演讲并不是单纯的"学"演讲知识，而应该是在"学"的基础上，进一步会"写"演讲稿，最后能"讲"演讲稿，是由学到写再到讲的系统学习。

二、素养目标

新课程标准，特别强调学科核心素养，特别重视知识的运用，特别要求学生能用知识去解决现实问题，可以说，听说读写演是语文最核心的素养。而演讲，就是一种在公共场合把自己真情实感、思想、观点、意图表达出来的"说"，演讲并非单纯的口头表达，它与一个人的读写能力、理解能力、沟通能力、应变能力等息息相关，融为一体。可以说，演讲能力体现出一个人的竞争力和综合素质，是现代社会中公民应具备的基本素养。

本单元教学，以学生自主学习为主，突出学生的主体性。

大概念1："自主阅读演讲词"，要求学生学会筛选信息、把握观点，理清论述思路，感受不同的语言风格。

大概念2："撰写演讲稿"，在前面学习演讲词任务后，对不同主题、不同对象、不同场合的演讲有了较为全面了解的基础上，对学生进行由"读"到"写"，"读""写"结合的学习过程。

大概念3："举办演讲比赛"，又是在完成前面两大任务的前提下，学生在认识了演讲、了解了演讲、学写了演讲稿的基础上，对学生进行演讲表达的训练，将学习演讲落实到口语表达实践上，进行演讲比赛时，要注意从仪态、语气、语调、手势、表情、动作等方面给予学生指导。对阅读所得、写作所成进行综合运用。

概括来说，本单元的核心素养就是演讲，围绕这一素养，学习目标可确定为：认识并理解演讲、了解演讲的特点、学会演讲稿的写作技巧、能就某一个主题进行演讲。

三、内容分析

这一单元是"活动·探究"单元，强调学生的自主学习，主要教学目标是学习演讲，共设置了三大任务：学习演讲词、撰写演讲稿和举办演讲比赛，三个目标任务由读到写再到实践运用，循序渐进来理解演讲、学写演讲稿、达到学会演讲的目的。

"学习演讲词"任务，选取了《最后一次讲演》《应有格物致

知精神》《我一生中的重要抉择》《庆祝奥林匹克运动复兴25周
年》，这四篇演讲各具特点。

《最后一次讲演》是一篇即席演讲的精品，语言慷慨激昂，情感
爱憎分明，极富号召力和感染力。要注意演讲者的语气语调，感受
演讲者强烈的爱憎情感，同时要揣摩演讲者的语言，理解即兴讲演
的特点。

《应有格物致知精神》是一篇议论性的演讲，知识和逻辑性强，
论证思路层层递进，条分缕析，层次分明。

《我一生中的重要抉择》是一篇"自传"式演讲，针对性强，坦
诚率真，用语亲切自然，幽默风趣。

《庆祝奥林匹克运动复兴25周年》主题宏大，时间跨度长，演讲
站位高，思想格局大，气象宏伟，用语庄重。

这四篇演讲，对象群体不同，场合主题各异，语言风格不一，
情绪表达多样，思想内涵丰富，对学生理解演讲，体会演讲词的不
同特点，有非常好的作用。学生在学习中不仅能感受到演讲词的不
同特点，也能获得一些有益的启示。

教材所选四篇演讲词虽特点各有不同，但与学生认知和思想水
平有距离，与学生所处的时代有"代沟"，与学生所接触的现实有
差异，对学生理解演讲带来一定的"隔膜"。

为了激发学生学习的兴趣，创设情境深入学习，以获得演讲的
能力，就必须拓展阅读，在此阅读学习基础上，培育核心素养。

因此根据演讲的特点，在选材上注意演讲话题的针对性和情境
的多样性。既要关注时事热点与学生身边发生的重要事件等，又要
考虑学生的心理、思想水平，确保主题有针对性、有现实意义。

四、任务与评价设计

基于以上对教材的分析、对本单元学习主题的确立，围绕学习目标，我们采用"精读"与"略读"并用，"自主阅读"与"群文阅读"相结合的方式对教材进行整体安排。设置"认识演讲—学习演讲—品味演讲—学写演讲—模拟演讲—演讲比赛"六部分预计七课时来完成。

选择《最后一次讲演》这一典型内容进行精读，通过这一典型演讲的精读与分析，让学生认识演讲，理解演讲。其余三篇略读。在此基础上，让学生基本了解演讲的特点，同时，结合时代发展，学生特点，我们精选了《雕刻岁月 相约未来——章必功校长在深圳大学2011届优秀毕业生表彰大会暨研究生毕业典礼上的致辞》（2011年6月24日）、《怀抱诚信，冲浪人海——章必功校长在深圳大学2010年毕业典礼上的致辞》、《文凭的意义——深圳大学章必功校长在2011年成人教育毕业典礼上的致辞》这三篇前深圳大学校长章必功教授差不多同时期，面对不同听众的演讲对学生进行群文阅读，让学生充分感受演讲的特点，并在此基础上进行演讲词艺术特点感悟，进而顺理成章过渡到对学生进行演讲词写作的指导与修改，在此基础上，进一步开展模拟演讲，掌握演讲的技巧，最后安排演讲比赛。

表1 评分要点与标准

评分项目	评分要点	标准分
演讲内容	1.贴近现实，针对性强	
	2.思路清晰，观点明确	
	3.内容充实，言之有物	

续 表

评分项目	评分要点	标准分
演讲技巧	1.吐字清晰，声音洪亮	
	2.情绪饱满，语速恰当	
	3.语调变化，抑扬顿挫	
	4.仪态端庄，保持微笑	
	5.目光交流，动作自然	
总分		

五、学习过程设计

对这单元的整体设计按7课时安排，具体是：

（一）认识演讲（预计1课时）

教学目标：

（1）初步认识演讲，了解演讲的重要作用。

（2）初步感受演讲的魅力，激发学生演讲的欲望。

（3）明确一次成功的演讲需要具备的条件，需要做的准备工作。

教学过程：

1.故事启蒙，初识演讲

用雨果、马丁·路德·金、林肯、罗斯福等古今中外名人，通过演讲而一举成名，并且走向成功的故事，让学生从这些知名的励志人物与故事中，感受演讲的作用与重要性，进一步指出，在现实生活中，在公共场合下，有的人说话旁征博引，幽默风趣，魅力四射，能牢牢抓住听众的注意力；而有的人结结巴巴，紧张不已，甚至词不达意，让学生感受出色的演讲对一个人的成长成才是多么的重要。

2. 视频观赏、感受演讲

通过播放一些著名的演讲视频，展示出演讲者的魅力，感受演讲现场的氛围。让学生直观地去感受演讲的强大气场，观赏过程，适时的点拨。避免学生只看出热闹，而看不懂门道的现象。

3. 归纳小结、认识演讲

在前两个环节的基础上，让学生各抒己见，归纳一次成功而精彩的演讲，具备怎样的特点，需要具备哪些要素。教师要适时引导，让学生明白，成功的演讲不能只看到它表面的光鲜，更要看到演讲者在背后所付出的努力，平时所进行的探索。

（二）学习演讲（预计2课时）

教学目标：

（1）精读《最后一次讲演》，理解演讲的意义，感受演讲者激情洋溢的情感。

（2）自主阅读其余三篇，全面了解演讲的主要特点。

教学过程：

1. 第一课时：精读《最后一次讲演》

这一课旨在通过对《最后一次讲演》的教学，让学生充分了解演讲的特点。在此基础上为第二课时的自主阅读，感知演讲做铺垫。教学流程安排如下：

（1）观看闻一多《最后一次讲演》视频，教师口头补充闻一多生平。通过观看本课视频，通过视觉图像，让学生感受闻一多先生当时演讲的情景，有带入感，补充作者生平，可以帮助学生理解文本语言慷慨激昂，爱憎分明的文风。

（2）整体阅读，感知文本。设计思考4个问题：

① 闻一多先生针对什么演讲，针对谁演讲？学生通过自主阅读便能快速找到，这一次演讲闻一多先生是为特务在昆明暗杀了著名爱国民主战士李公朴先生这一事而讲。在各界人士为李先生开追悼大会之际，特务分子在会上毫无顾忌，说笑取闹，肆意捣乱。面对此情此景，闻一多先生抑制不住满腔怒火，拍案而起，发表了这次激动人心的讲演。因而，这篇演讲稿是闻一多先生的即兴演说，演讲现场有爱国人士，有知识青年学生，有特务分子。

② 他演讲的观点是什么？这一问，让学生通过演讲，明白闻一多先生想表达的观点，闻一多在李公朴先生的追悼会上，义正词严地当众揭露、痛斥反对派的罪恶和卑劣，表达了对民主和平的坚定信心。可以说整个演讲观点是非常鲜明的。

③ 他是怎样安排思路、组织内容的？这一问，旨在让学生站在演讲者的角度，就想要表达的观点，面对现场的不同人群，有条理地安排思路，组织好内容，让学生明确，整篇演讲首先揭露真相，痛斥敌人，颂扬烈士；然后，剖析反动派虚弱的本质，提示人民必胜、真理永存的道理；最后，号召昆明青年继承传统，英勇斗争。可以说是条理非常清晰，思路非常明确。

④ 闻一多先生在演讲中是如何表达自己情感，语言有什么特点？让同学们用批注阅读的方式，画出相关的句子批注赏析。

教师提示：

① 从词语的感情色彩（副词、形容词等）。

② 从句式特点（感叹句、祈使句、反问句、设问句）。

③ 从修辞手法（反复、对比）。

学生自主阅读，找出的语句可能比较多，通过总结可以发现，闻一多富有激情的语言一般有以下几个特点。

a. 运用词语表达强烈的感情色彩。

如第1段中用动词"打""杀""暗杀"揭露敌人的暴行，使语言富于变化，表达演讲者对特务暴行的憎恨。副词"最""究竟""竟"加强语气，表达对反动派的直面痛斥。第2段中形容词"无耻""光荣"形成鲜明对比，增强语言的感情色彩，表达演讲者分明的爱憎情感。

b. 运用人称的变换对演讲者的思想感情起到有力的配合作用。

第4、5段对敌人用"你们"，对正义力量用"我们""他们"，爱憎分明，旗帜鲜明地与敌人展开面对面的交锋。

c. 运用感叹句、反问句、设问句、祈使句表达强烈的思想感情。

如第1段"为什么要打要杀，而且又不敢光明正大来打来杀，而偷偷摸摸地来暗杀！"用感叹句表达了闻一多对特务暴行的憎恨，说明此时闻一多先生情绪激动，不可抑制。第4段"特务们，你们想想，你们还有几天？你们完了，快完了！"连用设问句和感叹句，指出特务们的无耻下场。表达了强烈的憎恨感情。

d. 运用反复、对比和比喻的修辞方法，使感情色彩强烈。

如第2段"无耻啊！无耻啊！这是某集团的无耻，恰是李先生的光荣！"既用反复修辞方法揭露敌人的无耻，又用对比方法突出李公朴先生为进步事业而死的光荣。第5段"你们杀死一个李公朴"会有千百万个李公朴站起来！"用"一个"和"千百万个"对比，突出人民的力量，打击敌人，对未来充满信心。

通过品味演讲词语言，引导学生从词语的感情色彩、从句式特点、从修辞手法等角度去感受文章语言慷慨激昂，爱憎分明的强烈情感。

（3）归纳小结，掌握演讲特点。通过《最后一次讲演》，明确本文是闻一多先生针对李公朴被杀事件，面对青年学生，各界人士，包括现场特务发表的一篇即兴演讲，演讲观点鲜明，思路清晰，用极富感染力的语言，表达了自己强烈的爱憎，是一篇脍炙人口的战斗檄文。归纳小结演讲词特点：针对性、鲜明性、条理性的特点。

2. 第二课时：自主阅读其余三篇

让学生把这其余三篇演讲词放在一起进行对比阅读，找出它们的异同点，以求对演讲词的写作有一个全面而深入的了解，教师可提示学生在这样几个方面进行探讨：句式、人称、开头、结尾、语言的风格、感情的抒发方式、主题等。设置三个统领性的问题，帮助学生更高效地开展自主阅读，更清晰地了解演讲的特点。

（1）三篇演讲词针对什么事件、什么人群而讲？

《我一生中的重要抉择》针对某一特定的事件：针对的是"北大讲座"这样一个公众事件面对的人群是北大学生；《庆祝奥林匹克运动复兴25周年》是复兴25周年这件事，面对推崇奥林匹克精神的一群人；《应有格物致知精神》是征文颁奖大会，面对的是与会的各类精英。

（2）三篇演讲词各自表达的观点是什么？

《应有格物致知精神》：应有格物致知精神。

《我一生中的重要抉择》：扶植年轻人。

《庆祝奥林匹克运动25周年》：平和与自信的精神将会成为新文

明的必不可少的支柱。

（3）怎样安排思路，组织内容？

《应有格物致知精神》首先提出论题：中国学生应该怎样了解自然科学。接着，针对论题从三个层次进行分析：

第一，分析中国教育不重视格物致知。

第二，分析实验精神在科学上的重要性。

第三，分析在这种文化背景下中国学生的现状。

第四，解决问题，强调：我们需要培养实验的精神，并提出希望。

《我一生中的重要抉择》组织思路，引出话题：更多的是自己一生奋斗过来的体会，一生中重要的抉择。接着分析论述第六个重要抉择：花大力气扶植年轻人，让年轻一代慢慢取代自己，早出成果。

最后，总结全文，将著名心理学家的公式送给学生，希望……

《庆祝奥林匹克运动25周年》先由5年前巴黎聚会说起，引出话题：奥林匹克主义并没有成为牺牲品，相反，它将扮演新角色。

再谈及奥林匹克精神为渐趋平和而又充满自信的青少年所推崇，并论述平和与自信将会成为新文明不可少的支柱。

最后，高度评价本次庆典的意义，展望美好的未来。

通过这些问题，引导学生理解演讲词针对性强，观点鲜明，思路清晰的共同特点，还要引导学生理解演讲词的不同点：有的侧重于感情激烈，有的语言幽默，有的以情动人，有的以理服人。

（三）品味演讲（预计1课时）

1. 教学目标设计

（1）强化演讲词特点，感受演讲词的不同风格。

（2）品味演讲词精彩之处。

2. 教学过程安排

回顾旧知，引入新课。通过分析教材中的课文，我们知道读一篇演讲词，需要读出演讲者"讲了什么、讲给谁听、为什么要讲"这几个方面的内容。明确了演讲针对性、鲜明性、条理性的基本特点。本课时我们将继续围绕以上几个方面阅读几篇演讲词。

（1）小组合作，梳理内容（阅读演讲词的基础上，把握演讲词的主要特点）

《雕刻岁月　相约未来——章必功校长在深圳大学2011届优秀毕业生表彰大会暨研究生毕业典礼上的致辞》（2011年6月24日）

《怀抱诚信，冲浪人海——章必功校长在深圳大学2010年毕业典礼上的致辞》

《文凭的意义——深圳大学章必功校长在2011年成人教育毕业典礼上的致辞》

表2　要点梳理

篇目	讲了什么	讲给谁听	为什么讲	语言有特点
《雕刻岁月　相约未来》				
《怀抱诚信，冲浪人海》				
《文凭的意义》				

学生分组阅读，分为三个小组，每组重点阅读其中一篇文章独立阅读，筛选相关信息，进行圈点勾画，独立完成表格或思维导图组内交流、讨论，整合意见。

分组展示，教师点拨。分组展示有利于学生间互通有无，优化彼此的阅读成果。对于学生自读梳理演讲者相关态度看法时遇到的困难，教师应及时给予方法上的指导。

学生在整体把握演讲词的演讲缘由、演讲对象、演讲内容的基础上，引导学生再一次通过自己的阅读，验证演讲词的共同特点。这样的教学过程有助于培养学生从感性到理性由个别到一般的思维习惯并锻炼学生的分析综合能力。体现的核心素养：语言的建构与运用、思维发展与提升。

（2）思考探究：章必功校长的三次演讲有何异同？为什么同为一个人的毕业典礼演讲却不相同？

演讲的针对性，是演讲的核心特点。这是演讲词最重要的特点，也是最需要学生仔细分析理解的难点。通过比较阅读，明白因特定的事件、特定的对象，演讲词在主题思想、语言表达上也有所不同。

而一篇好的演讲词，要有针对性，需做到以下三点：

① 要有为而作，不要空谈泛论。章必功的三篇演讲都有着很强的现实针对性。话题越有现实意义，往往越有启发性，越容易引发听众的关注，演讲也越容易收到良好效果。

② 要关注听众的各方面情况。好的演讲要合乎听众的理解水平，使他们比较轻松地理解演讲者的观点，把握演讲的内容。好的演讲还要直指听众的所感所想，使听众觉得演讲正是为他们而发，说出了他们的心声，解决了他们的问题，启发了他们的思考。

③ 要预先考虑演讲现场的氛围，对内容和表达方式做有针对性的调整。培养学生分析比较、归纳判断等思维能力的核心素养。

（3）从章校长的三篇演讲词中，选择其中一段或几段你喜欢的内容，深入品读。分析这段句子、段落的语言技巧。模拟演讲，感受精彩。选自己喜欢的一篇演讲词，读一读，模拟演讲。

演讲词的作者身份各异，风格多样，却充满感染力和说服力。演讲词是演讲的内容，体现了演讲的主题、思路和语言技巧。

（4）演讲是具有时间性和空间性的活动，具有一定的鼓动性和感染力。那么一篇成功的演讲稿需要具备什么优点呢？选择一篇演讲稿，说说其中精妙之处。

提示：可以从主题内容、演讲思路、语言技巧等方面进行探讨。

提供不同类型的演讲稿，章必功校长的三篇演讲稿，张锡峰《小小的世界　大大的你》《青春与梦想》、刘媛媛《寒门贵子》独立阅读，圈画批注。小组分享，归纳总结。派代表在班级分享，通过这一环节，培养学生分析比较、归纳判断等思维能力和审美创造的核心素养。

（四）学写演讲（预计1课时）

1. 教学目标

就某一主题，尝试按演讲词特点进行写作。

这一节课，教学环节主要以构思、写作为主，在前面充分欣赏、品读演讲词的基础上，就某一主题，尝试写作。

好的演讲词不仅要有针对性，也要做到观点鲜明、内容充实、思路清晰。同时，演讲词的语言表达还要与思想内容一致，借助语言技巧，增强演讲的感染力、说服力。

2. 写作要求

（1）要有针对性，做到"心中有听众"。充分考虑听众的年龄、身份、文化程度、心理要求等，以此来确定演讲主题、内容、语言风格。

（2）注意写好开头，快速吸引听众。

（3）明确表达观点，把思路展现出来。

（4）精心设计结束语，提升演讲的效果。在演讲的最后，可以重申观点，加深印象；也可以提出号召，鼓舞人心；还可以幽默调侃，逗大家一笑。好的结束语能有效调动听众情绪，将听众引向深入。

（5）着力锤炼语言，增强演讲的感染力。

（五）模拟演讲（预计1课时）

1. 教学目标

掌握演讲注意事项、能大胆走上讲台表达自己观点。

2. 教学过程

（1）詹青云"奇葩说"辩论："如果有一瓶可以消除悲伤的水，你要不要喝？"

（2）在众多的演讲稿中，选择感受最深的部分模拟演讲。出示演讲要求，注意演讲的语气、语调、重音、停顿，读出不同的情感，配和适当的动作。

（3）由小组推选读得比较好的同学进行展示，教师根据情况点拨，指导。

采用演讲的形式，给予学生演讲语气、语调、重音、肢体、情绪等方面的指导，帮助学生理解文章内容和情感，也可激发学生主动学习、参与学习的兴趣。

（4）就自己所写的演讲稿进行"沉浸式"练习。

（六）演讲比赛（预计1课时）

1. 演讲准备

（1）可搜集历史名人演讲的视频，也可以关注网络电视的演说类节目。

（2）关注演讲技巧，如语气、语调、重音、节奏、表情、体态等。

（3）熟记演讲词，要求脱稿。

2. 注意事项

（1）面带微笑，心情放松。

（2）声音清晰、悦耳，音量适中，根据演讲的需要适当调整语速、语气。

（3）站姿自然、沉稳，同时辅以适当的手势动作。

（4）直面听众，用眼神与听众交流，观察他们的反应，检验演讲的效果，调整自己演讲的内容、语气和体态。

（5）保持饱满的情绪，一气呵成地完成演讲。

（6）如果演讲中出现一些突发情况，如忘词或讲错等，要通过放慢语速努力回忆，结合现场情况做调整，临时自圆其说，使演讲继续下去。

人美版美术高中第五单元整体设计

深圳市龙岗区华中师范大学龙岗附属中学　闫瑞彬

一、课题

淳朴之情——民间美术

二、教学对象

高二学生

三、课业类型

美术鉴赏

四、教材版本

普通高中美术必修《美术鉴赏》人民美术出版社

五、课标分析

（1）《普通高中美术课程标准（2017年版2020年修订）》（以

下简称《课标》）中提到美术学科的核心素养主要包括图像识读、美术表现、审美判断、创意实践和文化理解五个方面，是美术学科核心育人价值的体现。本课的教学设计，以美术核心素养为依据，真正实现育人价值。

（2）《课标》中将"基本问题"分解为"小问题"，"基本问题"是指向单元主题、内容和教学目标的引导性问题，与围绕"大概念"的思维组织能力相关联，能有效引发学生的深层思考。本课的教学设计就围绕"民间美术是普通百姓借以传递审美、寄托对生活美好愿景的艺术载体"这一个大观念，提出三个基本问题和一系列小问题，引导学生有序地对民间美术感知、探索、创新。

六、单元设计思路

（一）教材分析

本课是人美版普通高中美术必修课《美术鉴赏》第五单元的内容：淳朴之情——民间美术。本套教材共设置美术鉴赏基础、绘画艺术、雕塑艺术、建筑艺术、民间美术、中国现代美术六个单元，其中民间美术作为一种别样的乡土艺术，单独设置一个单元，可见其重要性，是我们认识美术学科全貌不可或缺的重要组成部分。本单元设置了"文化与习俗——从泥土中诞生的美"和"质朴与率真——浓郁乡情的视觉呈现"两个主题，分别从民间美术的分类、民间美术与农民生活的关系、民间美术的审美特征和文化内涵、民间美术的传承与发展几个方面来呈现。

（二）学情分析

高中学生经过九年义务美术教育的学习，对民间美术已经有了基本的认知和实践能力。他们在理解能力、逻辑思维能力和自主探究能力方面，都比中小学生突出，这为我们展开本节课大单元教学，进一步学习民间美术深层次的审美特征和文化内涵，奠定了良好的基础。

（三）教学思路分析

中国民间美术是理解我国传统地域文化，和广大劳动人民日常生活和精神内涵的重要载体。

本课采用大单元教学，设置了三个基本问题："民间美术和老百姓的生活有什么关系？民间美术的审美特征体现在哪些方面？如何在当代社会传承和保护民间美术？"。分三个课时，围绕一系列小问题开展学习活动。分别是：民间美术的分类、民间美术与老百姓日常生活的关系、民间美术的审美特征和文化内涵、民间美术在我们生活中的转型。第1课时，通过课前作业单和视频，了解民间美术的分类。通过资料搜索、小组合作、完成学习单的活动，探究"民间美术是由谁创作的？以及为什么创作这些民间艺术品？"来理解民间美术的分类和功能，以及它与广大劳动人民劳动生产的关系，进而理解民间美术深层次的文化内涵。第2课时，设置小组活动，选择一种民间艺术形式，开展自主学习，从造型、色彩、空间关系等方面了解分析民间美术的审美特征，完成学习单，并小组汇报。第3课时，在前两课时的基础上，走出课堂，实现知识的迁移。通过网络搜集资料、走进博物馆及走访民间艺人的形式，了解民间美术的现状，及其原因，并提出切实可行的解决方案——如何传承与保护。

三个主题呈递进关系，问题环环相扣，通过三个课时的大单元教学活动，旨在让学生通过本单元的学习，客观认识和评价中国民间美术独特的审美价值、民族特色和文化内涵，并清晰认识到民间美术根源于老百姓日常劳动生活的土壤，是实用与审美的结合，是他们对美好生活的向往与期盼，是中国传统文化不可或缺的一部分。认识到传承和保护民间美术对中华文明、中国文化的重要性，增强社会责任感，自觉守护民族文化遗产。

七、素养目标

（1）通过主题活动的探究，了解和认识民间美术的种类、功能，民间美术和劳动人民生活的关系，学习和理解民间美术夸张变形的造型特征、独特的色彩魅力、多方位的视角，及以此而呈现出具有象征性和寓意性的文化内涵。

（2）学生通过资料搜集、独立思考、小组合作、学习单和成果汇报一系列的活动，将学会合作探究、跨学科融合以及用辩证思维和创作思维去解决问题的能力。

（3）通过分析民间美术与原始美术、儿童美术的相似性，及其与西方现代艺术和当代中国实验艺术的关系，明白其独特的造型手法对现代艺术和生活的参考价值和借鉴意义，探索民间美术在当下生活中的转化和应用，进而认识到传承和保护中国民间美术的重大意义，增强社会责任感，弘扬中华民族精神。

八、大观念

民间美术是普通百姓借以传递审美、寄托对生活美好愿景的艺术载体。

九、基本问题

（1）民间美术和老百姓的生活有什么关系？

小问题：

① 你见过哪些民间美术？

② 民间美术的创作者是谁？

③ 老百姓为什么要创作这些民间美术？

④ 民间美术的文化内涵是什么？

（2）民间美术的审美特征体现在哪些方面？

小问题：

① 民间美术和文人画的区别是什么？

② 民间美术在造型、色彩、空间上有什么特点？

（3）如何在当代社会传承和发展民间美术？

小问题：

① 民间美术以什么方式在传承？

② 民间美术在当地的现状是什么样的？

③ 民间美术在我们当代生活中有哪些运用？

④ 民间美术在当代如何转型？

十、大任务

假期同学们都去哪里旅游了？老师也出去转了一圈，还带回了一件纪念品，给大家看下（出示布老虎）。这个布老虎给了你什么感觉？大家知道老师去了哪里吗？原来每个地方都一些当地特有的艺术形式。你还知道哪些民间的艺术形式？

辩论赛——你认为民间美术作品美吗？看来大家都有自己的看法，可以分为正方与反方，这一单元的学习我们就一起走进民间美术，开展一场激烈的辩论赛……

十一、学科领域

美术、语文、历史、地理、音乐

十二、评价量规

表1　评价量规

平水	评价标准
A	1. 能选择不同地区的民间美术作品，进行分析比较，探讨其不同的艺术特点和本民族历史文化的关系 2. 选择自己喜欢的作品，能用四步法分析作品的审美特征和文化内涵 3. 对民间美术的传承与发展提出自己的看法，与同学交流，完成学习单
B	1. 能选择几件典型的民间美术作品，收集相关历史背景和艺术家生平，分析研究作品中的文化信息 2. 选择自己喜欢的作品，能分析作品的审美特征和文化内涵 3. 能收集各种资料，与同学研究讨论社会和文化对民间美术的影响
C	1. 能了解民间美术和生活的关系 2. 选择自己喜欢的作品，对作品进行简单审美分析 3. 能与同学交流自己对民间美术的想法和观点

十三、学习单

《民间美术》学习单（一）

一　日常生活中见到过哪些民间美术？

1.剪纸　　2.年画　　3.刺绣　　4.玩具（风筝、泥玩具、布玩具）

5.民间雕塑（面塑、石雕、篆刻、木雕、泥人）

民间美术品种繁多，大致分为：①绘画（包括版画、年画等），②剪纸，③雕塑（彩塑、木雕、面塑等），④玩具（泥玩具、布玩具等），⑤刺绣染织（包括蜡染、刺绣等），⑥服饰（民族服装、荷包、鞋垫等），⑦器皿（包括木器、竹器、漆器等），⑧戏具（包括木偶、皮影、面具等），⑨纸扎（包括各种花灯、风筝等），⑩编织（包括草编、竹编等）。

二　这些民间美术是在哪里见到的？是哪些人创作的？创作的目的是什么？

产地	
作者	
目的	

《民间美术》学习单（二）

三　选择一种民间艺术形式，了解它的产地，思考为什么当地可以滋养出这种艺术形式，寄托了什么样的情感？（画或贴）

四　选择一种（幅）典型的民间美术作品，用描述、分析、解释、评价的方法分析作品的审美特征。

作品	
描述	
分析	
解释	
评价	

《民间美术》学习单（三）

（五）小组通过网络、博物馆、走访等形式，调查所选民间美术的现状（传承与保护），存在哪些问题？该如何更有效地传承与发展？写出研究方案。

传承情况	
开发现状	
问题	
研究方案	

图1　民间美术学习单

十四、教学实践

（一）主题一：文化与习俗

1. 小问题

（1）你见到过哪些民间美术？

（2）民间美术的创作者是谁？

（3）老百姓为什么要创作这些民间美术？

（4）民间美术的文化内涵是什么？

2. 教学目标

（1）了解和认识民间美术的种类，理解民间美术象征性和寓意性，理解其深层次的文化内涵。

（2）探究民间美术和传统文化、农业文明及农民生活习俗的关系，感受民间美术浓郁的乡土气息。

3. 教学过程

表2　主题一教学过程

环节	教师活动	学生活动	核心素养
课前准备	布置任务： 1.自由组合，完成分组，小组同学合作开始本单元的学习任务 2.通过走访、书籍、网络等资源找相关民间美术的资料，完成学习单（一） 3.选择一项民间艺术，对其进行深入的学习和了解，完成学习单（二），课堂上和大家一起分享	（1）课前搜集相关资料 （2）分享资料	图像识读 文化理解

环节	教师活动	学生活动	核心素养
导入	（1）出示课前准备的民间美术——布老虎，引导学生说出其出身 （2）提问：你认为它美吗？为什么？ （3）导出课题	（1）观察布老虎，思考其出自哪里？属于什么艺术门类？ （2）学生观察，判断，说出感受	图像识读
讲授	活动一： （1）提出问题：你们课前了解到哪些民间美术？这些民间美术归属于哪些地域？和大家分享一下 （2）总结民间美术的种类 ①剪纸　②年画　③刺绣 ④玩具（风筝、泥玩具、布玩具） ⑤民间雕塑（面塑、石雕、篆刻、木雕、泥人） 	（1）学生分享课前搜集资料 （2）分类	图像识读 审美判断

续 表

环节	教师活动	学生活动	核心素养
讲授	活动二： （1）提问：你认为民间美术土吗？民间美术名字的由来 （2）组织学生讨论：概念、分布、意义	（1）学生思考民间美术的创作者是谁？ （2）讨论：民间美术和农业文明、农民生活的关系 （3）总结，汇报	图像识读 审美判断 文化理解
	活动三： （1）设置连线题，把民间美术作品和后面的美好寓意连在一起 （2）提出问题，引发学生思考：民间美术的文化内涵 民间美术的文化内涵——表达老百姓朴素美好的愿望，及对美好生活的期盼 ①这些民间艺术形式和我国哪些传统节日联系在一起？ ②有哪些古诗词是描述这些民间艺术的？	（1）学生完成连线 寓意连线 （2）体会这些作品中的寓意性、象征性——谐音和寓意 （3）学生搜索汇报和民间艺术对应的节日和古诗词。体会其中传递的情感	文化内涵
	布置任务： （1）这些民间美术作品和生活的密切联系 （2）体会民间美术的乡土气	（1）欣赏视频，感受民间美术质朴淳厚的美学特点 （2）理解其根源	审美判断 文化理解
小结	民间美术是根植于广大劳动人民，由朴实的劳动者创造出的特殊的艺术形式，创作者通过寓意象征的手法，表达他们对自然界的认知，及对美好生活的愿景		
课后思考	自己身边还有哪些民间美术的类型？其包含了创作者什么样的思想情感？并了解其现状和保护措施		

（二）主题二：质朴与率真

1. 小问题

（1）民间美术和文人画的区别是什么？

（2）民间美术在造型、色彩、空间上有什么特点？

2. 教学目标

（1）理解并感受民间美术独特的审美特征——夸张的造型、鲜艳的色彩、多时空交叉的画面结构、多方位的视角。

（2）完成一张符合民间美术艺术语言特征的剪纸作品。

3. 教学过程

表3　主题二教学过程

环节	教师活动	学生活动	核心素养
导入	（1）复习回忆上节课的知识，重温民间美术的初步感知 （2）导入课题	在老师的引导下，重温已有的知识	
讲授	活动一： （1）展示两件作品，一为中国古代写实绘画作品（韩干的《牧马图》），二为朱仙镇木版年画。 《牧马图》与年画 （2）引导学生主动评述上述两张作品 （3）总结民间美术造型色彩的特征：造型夸张变形、色彩鲜艳、原色对比	（1）比较两张作品的造型、色彩的异同 （2）讨论其造型色彩所产生的视觉效果，分析作者这样处理画面的原因 （3）汇报自己搜集到的有关造型和色彩的口诀 （4）表达自己的观点，喜欢与否	图像识读 审美判断

环节	教师活动	学生活动	核心素养
讲授	活动二： 关于民间美术造型思维与观察方法的探讨 （1）展示作品：民间艺人张林召剪纸《媳妇与婆婆》和毕加索的人物画像，让学生分析对比 《媳妇与婆婆》与《面孔》 （2）张林召《抱小孩的妇女》《公交车》与古埃及壁画的画面进行对比。引导学生评述这种造型手法的价值和意义 《抱小孩的妇女》与《埃及壁画》	（1）学生分辨以上作品中人物的空间关系，如哪边是正面，哪边是侧面，正侧面如何共同组成画面等 （2）学生可以换位观察，以创作者和观者的视角，指出其异同 （3）学生思考，共同探讨讲述作品的艺术价值与意义	图像识读 审美判断 文化理解
	活动三： 关于民间美术作品中的时空观念问题的讨论。出示年画《女十忙》和夏加尔的作品《我和我的故乡》，分析两者画面组织上的异同	（1）学生对比分析两幅作品，找出异同 （2）辨别、讨论作品中体现了什么样的时空观念	图像识读 审美判断 文化理解

续 表

环节	教师活动	学生活动	核心素养
讲授	《女十忙》与《我和我的故乡》 活动四：（1）播放视频：张召林的剪纸视频，引导学生思考（2）引导学生总结剪纸的步骤和方法（3）布置课件小作业：根据民间美术的特点，创作一件剪纸作品，注意造型、色彩、时空观等方面，要符合民间美术的审美特征，可以两人或多人合作完成	（1）学生观看视频，思考剪纸艺术的创作步骤，及注意事项（2）学生自己动手设计剪纸，并尝试创作符合民间美术特点的作品	审美判断 美术表现 创意实践
	活动五：作品评价（1）展示：引导学生说出自己的剪纸作品的创作思路和作品的文化内涵（2）自评：自己给自己作品打分（3）互评：同学之间相互评价作品，相互借鉴学习	（1）学生介绍自己的剪纸作品，说清楚作品的设计意图和审美特征（2）他评：选出自己最喜欢的剪纸作品，说说为什么	图像识读 审美判断 美术表现 文化理解
小结	本节课主要学习了中国民间美术的审美特征可以从造型、色彩、时空观几个方面深入认识和了解中国民间美术。民间艺术是我们祖国的瑰宝，我们每个人都有责任去保护它们		
课后思考	民间美术的时空观和多方位的视角，较难理解，应结合更具体的作品分析理解，帮助学生解决难题		

45

（三）主题三：传承与发展

1. 小问题

（1）民间美术以什么方式在传承？

（2）民间美术在当地的现状是什么样的？

（3）民间美术在我们当代生活中有哪些运用？

（4）民间美术在当代如何转型？

2. 教学目标

（1）课前学生通过走访、电话、博物馆、网络等相关渠道，自学了解当地相关民间美术的现状。

（2）课堂上学生通过资料展示、分析、辩论，探索民间美术传承和保护的方案，完成相关学习报告。

3. 教学过程

表4　主题三教学过程

环节	教师活动	学生活动	核心素养
课前准备	布置任务——寻找当地一种民间美术，完成研究报告，研究内容包括作品欣赏、审美特征、主题内涵、创作过程、现状、传承与保护，尝试完成学习单（三）	（1）学生自主分组，寻找一种身边的民间美术作为研究对象 （2）通过多种途径搜集资料 （3）完成研究报告（PPT、图片、文字、视频等形式）	图像识读 审美判断 文化理解 美术表现
导入	主持活动——民间美术传承与创新报告会	准备工作	
展示报告	活动一： （1）四个小组分别派出代表，展示自己小组的研究报告，小组成员可以补充互动。（鱼灯、年画、醒狮、象牙雕刻）		图像识读 审美判断 文化内涵

环节	教师活动	学生活动	核心素养
展示报告	（2）其他小组提问，发表不同见解，针对不同观点，可以组织辩论 （3）提出不足，反思改进		
	活动二： 开展辩论赛：民间美术是否已经过时？		审美判断
	活动三： 民间美术未来向哪里（传承与创新）？提出你的见解和方案 比如： （1）加强市场管理，防治过度不恰当的商业化 （2）应时创新，融入现实生活 （3）和学校教育相结合，普及教育，特别是语文、美术、音乐等学科 （4）通过多种途径加强民间美术的宣传，如网络、微信、抖音、公众号等 活动四：民间美术在现在生活中的运用 民间美术的传承与发展		文化理解

续 表

环节	教师活动	学生活动	核心素养
小结	（1）总结各小组研究情况，针对共性问题给出相关意见，课后继续完善自己小组的研究报告（学习单一、二、三） （2）校园内展示研究成果 （3）民间美术的保护与传承，不是一朝一夕，也不是某一个人的行为，需要我们大家共同努力和长期的关注投入		
教学反思	（1）真实情景的设置，激发了学生学习的兴趣，带着基本问题引发学生思考、解疑，一步一步走进民间美术，解开民间美术的面纱。教学中对比的形式帮学生解决了本节课教学的难点，古诗词与民间美术的关联性，这里可以给学生多留点时间，让学生更深层地理解民间美术的内涵 （2）在主题三"民间美术的保护与创新"的教学中，应该给学生多提供一些案例，拓展学生思维，学生课堂上参考的资料不够，学习报告做得有些简单		

人教版历史七年级下册
第一单元整体设计

深圳市龙岗区横岗六约学校　王晓玉

一、教学内容分析

唐朝是中国历史上的辉煌时期，在中国历史上起到了承上启下的作用，上承秦汉，下启宋元，它国力强盛、经济繁荣、文化灿烂，在国际上高度发达的文明影响了日本、朝鲜等许多国家和地区。本单元设计选自部编版历史教材七年下册第一单元的内容整合，在教材的编写中将隋唐作为整体呈现，但在具体课程的设计上缺乏明确的内在联系，学生对教材内容的逻辑缺乏整体认知。鉴于此，将单元主题教学逻辑整理如下：

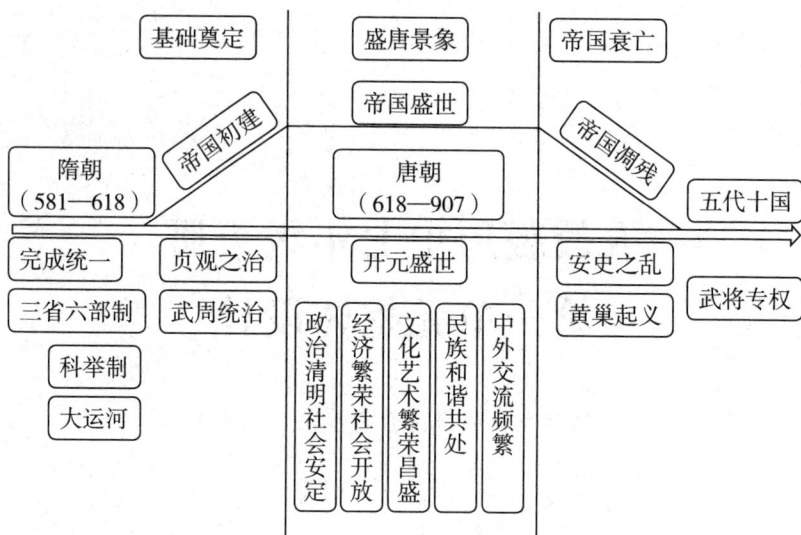

图1 《盛唐气象》单元主题教学逻辑图

二、学情分析

七年级学生已经对历史的研究方法有所了解，对历史的理解日渐深入，对新的历史知识有较强的好奇心。通过日常阅读和《长安十二时辰》《唐宫夜宴》等影视作品的观看，学生对唐朝历史的兴趣点主要集中在两个方面：一是对唐太宗、武则天、唐玄宗等历史人物的事迹；二是唐帝国的繁荣景象及唐人的日常生活是什么样的。基于以上学情，本单元以"盛唐气象"作为核心概念，将教材内容整合为"乐游唐朝""回望唐朝""帝国遗产"三个子课程，并设计与学生认知相符合的驱动问题，运用多样化的教学资源，构建学生能感同身受的教学情境，促进学生在小组合作探究的基础上，达成本单元的教学目标。

三、教学目标

（1）了解隋唐的历史沿革、贞观之治、开元盛世、科举制、大运河的开通、文成公主入藏、鉴真东渡、玄奘西行等史事，能从政治、经济、文学艺术、民族交往、中外交流等方面认识这一时期的阶段特征，理解隋唐之间的继承和发展。

（2）形成基本的学术心态，在研究过程中学会进行史料阅读和历史解释，对知网检索、博物馆布展有基本了解，提高小组合作、语言表达、美学鉴赏的能力。初步学会依靠可信的史料认识历史、有理有据地表达自己对历史的看法、在具体的时空下考查历史的能力。

（3）认识到唐朝的国际地位和唐文化对中国人文化基因的影响，增强民族自豪感和认同感，树立对中华民族的文化自信和道路自信，涵养立足中国、面向世界的视野和胸怀。

四、预期成果

表1 《盛唐气象》单元教学活动预期成果表

课程	个人成果	团队成果
乐游唐朝	选择一项最感兴趣的职业进行从业规划（如手工业者、商人、对外贸易、宗教人员、知识分子等）	用图文并茂的方式做2—3张店员招募海报，包括工作内容、工作时间、工作地点、工作报酬福利和工作中的注意事项等
回望唐朝	给远在日本的好朋友写一封信，用简图或文字的方式与他探讨对唐朝管理方式的看法，包括阐述制度的缘起、框架和关键点（如中央架构、地方管理、军队管理、官员选拔、财政税收等）	组织唐文化和制度的宣讲会，向留学生和外国使者宣讲唐朝主要的制度和管理方式，选出最佳"外交发言人"

续　表

课程	个人成果	团队成果
帝国遗产	利用博物馆资源（包括博物馆网络数字展厅等）选取3—4件最能体现大唐风貌的历史文物，做成文物明信片。（政治、经济、民族关系、中外交往等）	创建一个包含10—15件唐朝文物的虚拟展厅，可以包括城市示意图、代表性瓷器、丝绸、生产生活用品、文学艺术作品等，并撰写开场语、结束语及文物介绍（特别是文化内涵的解读）

五、学习评价

表2　过程性评价

评价维度	评价等级		
	A	B	C
参与度	研究活动全程都积极参与，不无故缺席，任务分工明确，对自己负责部分认真参与并执行。具有合作精神	研究过程中较为积极参与，对任务的执行偶有需要同组同学提醒的行为。易沟通、合作	在研究过程中比较被动，有缺席情况，参与度较低，缺乏沟通能力和合作精神
专注及思维深度	在研究过程中积极提出自己的看法和见解，参与师生互动、生生互动，提出问题兼具创新性及可行性，思维深度	研究过程中对同学和老师提出的建议或意见能主动参与讨论、执行，主动学习他人经验	研究过程中基本不提出自己的观点和看法，思维广度和深度比较缺乏

表3 总结性评价

评价维度		评价等级		
		A	B	C
资料汇总	严谨性、科学性	内容严谨科学，无戏说成分	内容总体严肃认真，偶有不严谨之处	内容不严谨，缺少严谨性
	详尽性、条理性	对研究过程中产生的录音、录像及搜集的资料能做详尽的记录及整理，分类清晰	对资料的搜集整理有一定的条理性，需要细化	分类不清晰、内容缺失，逻辑混乱
成果展示	严谨性	表述严谨清晰，无史实性、知识性错误	表述较为严谨，较少出现史实性、知识性错误	表述不严谨、错误较多
	创新性	论述角度及思路具有启发性、创新性	问题论述中对创新角度有所体现	基本没有创新思维的体现
	感染力	符合历史表述标准，并富有感染力	语言流畅，用词准确	不符合历史表述要求，缺少感染力

六、学习活动

表4 学习活动

活动阶段	教师活动（项目设计流程）	学生活动	活动意图
乐游唐朝	一、入项活动 观看《长安十二时辰》的剪辑片段，了解唐朝的基本风貌 要求学生找出长安城生活的特点和职业 二、提出驱动问题，构建学习情境 你和你的小伙伴穿越到唐朝，你们必须选择适合自己的职业作为生存手段。与此同时要遵守唐朝的社会规则，做一个符合大唐精	活动一： 观看《长安十二时辰》，说一说对唐朝城市生活的感受，选取	活动一： 依托影视作品，将教材内容转化为具体的任务要求，提高学生学习兴趣

续 表

活动阶段	教师活动（项目设计流程）	学生活动	活动意图
乐游唐朝	神风貌的"新唐人"。你们可以选择哪些职业？在长安城生活应该遵循哪些社会规则？生活在长安城的幸福感来自哪些方面？ 三、立足教材内容，讲解时代背景 将教材作为基础阅读文本，师生共学，梳理盛唐气象的基本框架（衣食住行、社会管理、文化心态） 教材基础知识梳理表 表格：农业／民族关系，手工业／中外交往，商业／文学艺术，对外贸易／社会治理 组织学生说一说对唐人生活的基本感受，明确想要选择职业的方向 四、拓展课外知识，搭建学习支架 给学生提供以下材料包：《唐长安城平面图》《唐长安城考古研究成果表》、描写市民生活唐诗若干、《资治通鉴》相关节选、学术论文若干（《唐长安城餐饮商家的花式促销》《唐长安城西市考古新发现与相关研究》《论〈长安十二时辰〉对唐长安城市文化的影视呈现》《考古学视野下的唐长安东市和西市》《唐长安城胡人居所分布研究》《唐长安城夜禁制度施行的时空背景及内容研究》《唐朝社会生活剪影》） 研究方法指导： （1）史料研读和考古是我们形成对历史合理构思的基础。在项目进行的过程中，灵感可来自艺术作品，最终成果的证据来源需从史料、考古或严谨的学术研究成果中提取	2—3种感兴趣的职业作为备选 活动二：（自学—小组讨论—师生共读）完成基础知识梳理表，了解唐朝生产工具的革新（曲辕犁、筒车）、手工业的发展情况（丝织、瓷器）、商业的发展（大都市的形成、严格的市坊界限、时间限制、行业繁多）、对外贸易的发展（开	活动二：落实本课时的知识性学习要求，为综合性活动的开展打下基础 活动三、四：关注历史知识背后的文化内涵，帮助学生养成学术心态。提高小组合作、语言表达能力。初步学会依靠可信的史料认识历史、在具体的时空下考查历史的能力，培养学生的历史核心素养 活动五：锻炼学生合作、表达能力，同时增强民族自豪感和认同感

54

活动阶段	教师活动（项目设计流程）	学生活动	活动意图
乐游唐朝	（2）学会使用知网、知乎、学科网、中学历史教学园地等网站进行关键词检索，如唐长安城、东市、西市、胡人等，下载论文（下载阅读器） （3）图文并茂地阐述更有说服力 五、成果修改 根据学生所选职业的大分类（如手工业者、农民、商人、外贸从业者、知识分子等）进行学习小组的构建（分线下讨论和线上讨论两种），教师适时引导学生使用知网进行论文检索，利用多元史料进行成果修改，使学生作品符合历史事实，帮助学生形成严谨的学术态度 六、成果展示及评价 组织学生以小组为单位进行成果阐述（史料来源、结论依据），利用班级文化墙进行作品展示，感受盛唐社会的风土人情和精神风貌。用评价表格进行自评、同伴互评，展示教师评价，进行活动反思	放的对外政策、丝绸之路的路线、商品运输、文化交流等）、民族关系（开明的民族政策）、文学艺术（唐诗的繁荣）和社会治理的基本情况 活动三：根据老师提供的方法，阅读课本及老师提供的资料包列举自己作品所需要的关键信息，力争做到"论从史出"	

续 表

活动阶段	教师活动（项目设计流程）	学生活动	活动意图
乐游唐朝		活动四：在初步成果的基础上进行充分的讨论和论证，使成果没有史学错误。用图文并茂的方式做2—3张店员招募海报成品，包括工作内容、工作时间、工作地点、工作报酬福利和工作中的注意事项等。（关键点：市坊分开、严格的时间限制、商品选择合、对外贸易路线合理）	

活动阶段	教师活动（项目设计流程）	学生活动	活动意图
乐游唐朝		活动五：以小组为单位进行成果展示，海报美观大方，要求条理清晰、论从史出，没有史实错误，对唐朝职业和社会规则的理解正确，并能阐述唐人幸福感来源有哪些方面。最后，对自己和同伴进行活动评价和反思	
回望唐朝	一、入项活动 在唐朝，中央政府建立了哪些稳定统治的措施呢？ 二、提出驱动问题，构建学习情境 假设你是唐朝初年来到长安的日本留学生，唐朝的哪些政治制度最能让你拍案叫绝？你	活动一：了解今天我国的政治制度及社会管理模式，思	活动一：建立知识链接，激发学生探究意识

活动阶段	教师活动（项目设计流程）	学生活动	活动意图
回望唐朝	认为这些重要的政治制度与盛唐景象有什么关系？ 三、梳理教材内容 根据表格理解唐朝社会管理的基本制度和特点，引导学生认识到这些重要的政治制度保障了社会的稳定，为盛唐时期的来临打下了重要的基础 以课本及《五万年中国简史》为文本资料，指导探究大运河对唐朝社会发展的影响。知道大运河沟通了南北交通，符合经济重心南移的时代背景，与唐朝的经济发展有密切的关系 四、提供阅读资料，搭建学习支架 给学生提供以下材料包：《略论唐朝社会繁荣的原因》《基于救助的唐朝社会保障制度研究》《论唐朝法律的开放性特征》《唐朝官僚制度及其价值研究》《略论唐朝的管理考核制度》 五、指导学生进行成果撰写 （1）格式符合书信要求 （2）选取一项唐朝重要的制度（科举制、三省六部制、州县制、府兵制等），从缘起、发展、作用、评价及可借鉴之处进行阐述 六、组织宣讲会 在宣讲过程中，重点理解隋唐之间的制度沿革，及这些重要制度在唐朝发展过程中的作用 七、活动评价反思 略	考唐朝如何管理偌大的疆域。 活动二：给远在日本的好朋友写一封信，用简图或文字的方式与他探讨对唐朝管理方式的看法，包括阐述制度的缘起、框架和关键点（如中央架构、地方管理、官员选拔、财政税收等） 活动三：参加宣讲会，向留学生和外国使者宣讲唐朝主要的制度和管理方	活动二：培养学生的史料阅读、文本撰写的能力，帮助学生深度理解盛唐景象形成的内在因素 活动三：通过宣讲会锻炼学生语言表达、合作能力

活动 阶段	教师活动（项目设计流程）	学生活动	活动意图
回望 唐朝		式，选出最佳"外交发言人" 活动四：进行自我评价和组内互评	
帝国遗产	一、入项活动 观看《唐宫夜宴》等国风视频及河南卫视专访视频，相互分享感受到了唐人怎样的心态和胸怀？ 二、提出驱动问题，构建学习情境 你和你的组员正在筹备一场能反映唐朝风貌的文物展，你会选取哪些代表性文物布展？展览要求符合博物馆布展原则、能反映盛唐气象和精神风貌 三、夯实基础知识，梳理逻辑关系 指导学生完成《单元逻辑关系图》，进行知识梳理，并找出选择文物的基本方向，如可包含政治制度、社会经济、文学艺术、民族关系、对外交往几个模块	活动一：观看《唐宫夜宴》，讨论唐人的自信体现在哪些方面？ 活动二：填写《单元逻辑关系图》，加深对时代背景和盛唐社会研究点的理解，明确文物的选定方向	活动一：依托影视作品，将教材内容转化为具体的任务要求，提高学生学习兴趣 活动二：完成基础知识梳理，达成知识性目标 活动三、四：通过模拟布展活动，学生了解博物馆的基本布展原则，提高小组合作、语言表

活动阶段	教师活动（项目设计流程）	学生活动	活动意图
帝国遗产	 《盛唐气象》单元主题教学逻辑图 四、寻找筛选文物，进行布展指导 1.寻找文物的方法 组织学生观看《假日博物馆》唐朝小视频，让学生对唐朝文物有初步了解，然后利用博物馆数字资源进行文物搜寻，如中国国家博物馆、陕西历史博物馆、宝鸡青铜博物院、新疆博物馆等博物馆官方网站 2.选择文物的原则 明确布展主题，即"盛唐气象"，可分农业、手工业、商业（对外贸易）、民族关系、民俗等专题进行文物选取，同类文物可依据国家文物定级（珍贵文物和一般文物）优先选择定级高的一级文物 3.文物介绍卡的设计 教师提供博物馆布展常用的文物介绍卡模板，鼓励学生进行创意设计（文物介绍卡包括文物名称、文物时代、出土地点、文物简介），给学生提供学术资料支持如《大唐风韵——唐朝仕女画所表现的唐朝社会》等 4.布展方式及注意事项 （1）可采用平面、立体、数字化三种形式进行	活动三：完成个人及团队作品 （1）使用国家博物馆及各地博物馆的官方网站进行代表性文物的选取 （2）根据所选文物、布展方法和原则，撰写文物介绍卡、前言、结束语 （3）打印文物照片，按专题进行布置，总体布局科学、清晰、美观 （4）以小组为单位选择一名"小小文物讲解员"	达、美学鉴赏的能力 活动五：学会自我评价、同伴互评，促进学生自身成长 活动六：锻炼学生思维能力，理解古为今用的历史学习的借鉴作用

60

活动阶段	教师活动（项目设计流程）	学生活动	活动意图
帝国遗产	（2）文物图片按照专题进行排版，图片清晰，将文物与介绍卡匹配粘贴 （3）设计展览主题，撰写前言及结束语 五、完善展示作品 根据各小组所选角度的不同，进行有针对性的指导，对学生所选文物进行把关，指导学生撰写简单明了的文字说明，前言及结束语体现文化自信和善于学习、胸怀天下的格局 组织学生以小组为单位进行《盛唐气象》特展展示，并组织学生进行自评、互评，最后进行活动总结。 六、讨论"盛唐气象"给我们留下了怎样的文化遗产，对今天的民族复兴有什么借鉴意义？	进行展览讲解，重点阐述文物所展现的大唐风貌及文化特点 活动四：作品展示，及展览讲解 活动五：自我评价和小组互评 活动六：参与"盛唐气象给我们留下了怎样的文化遗产，对今天的民族复兴有什么借鉴意义？"的讨论，加深对隋唐时期在中国历史和世界历史上地位的理解	

人教版语文七年级上册
第一单元整体设计

深圳市龙岗区南湾街道沙塘布学校　王秀娟

一、整体分析

（一）课程标准分析

课程目标中，《义务教育语文课程标准（2022年版）》在"识字与写字"中提到要求学生能够熟练使用字典、词典等工具书，会多种检字的方法，达到独立识字的目标等；在"阅读与鉴赏"中要求学生可以使用普通话正确、流利、有感情地进行朗读，并体会重点词句在语境中的意义及作用，品味富于表现力的语言，体会修辞手法的表达效果；在"表达与交流"方面指出要引导学生"能与他人交流写作心得，互相评改作文，以分享感受，沟通见解"。

课程内容上看，本单元主要涉及新课标中"基础型学习任务群"中的"语言文字积累与梳理"和"发展型学习任务群"中的"文学阅读与创意表达"。"语言文字积累与梳理"要求教学中重视语言文字的积累、品味；"文学阅读与创意表达"则强调了阅读和写作的训练，需体会作品中语言的艺术化，学习、借鉴作品中的写作手法，同时善于观察并思考，能够抒发自身情感。

学业质量方面，针对七年级上册第一单元教学，相关学业质量描述中将个性化词句段落的积累、写作时表达方式的选取及详略安排、诗歌及散文类文学作品的阅读、重要词句和富有表现力语言的揣摩品味、圈点批注等学习方法、词句的分类整理、表现手法作用的分析均作为学生学业成就表现的考查点。

综上，课程目标、课程内容都要求，本单元学习应该关注朗读指导，揣摩品味重要词句和富有表现力的语言，体会作者情感，学会表达写作。

（二）教材分析

结合对人教版七年级上册语文第一单元的单元导语、课前预习、课后习题、资料链接、注释等单元助读系统的分析可知，朗读技巧的重音和连停、抓住特点来写景、情景交融的写法、品味富有表现力的语言、各种修辞手法的运用及赏析、写景抒情散文的写作是本单元共同的学习重点。

（三）学情分析

在朗读方面，七年级大部分学生已经具备了一定的朗读基础，能够流畅地阅读文本。然而，他们在朗读技巧方面仍显不足，难以做到声情并茂。具体来说，学生们在控制语速、语调以及把握文本情感方面仍需加强。有时，他们可能会因为过于机械地阅读而忽略了文本中的情感色彩，导致朗读效果平淡无奇。在写作方面，七年级大部分学生能够流畅地表达自己的想法，但他们的语言往往显得较为平淡，缺乏生动形象的画面描写。此外，他们的写作也缺乏个性化表达，有时会出现内容雷同、缺乏创新的情况。

综上所述，虽然学生们在朗读和写作方面已经具备了一定的基础，但仍存在一些需要改进的地方。我们将通过加强朗读技巧的训练和引导学生观察生活、积累素材等方式，帮助他们提升朗读和写作水平，实现更为全面和深入的学习。

二、素养目标

（1）掌握朗读要领，把握重音、连停，读出抑扬顿挫。

（2）揣摩、品味课文语段和词语，体会文学语言的表达方式，体会作者情感。

（3）将写作技巧进行迁移运用，进行文本创作。

（4）感受景物之美，激发对大自然、对人生的热爱。

三、核心任务

策划"感受四季情韵读写比赛"活动，围绕这一核心任务，精心设计了三个逐层递进的学习环节——"声情并茂——感四季美好""咬文嚼字——悟情景交融""手写我心——抒四季情韵"。

四、过程设计

（一）第一课段：声情并茂——感四季美好

核心任务：学习重音、连停的朗读技巧，抑扬顿挫。

课时安排：2课时

1. 第一课时

完成任务：

教师播放三篇散文和四首古诗的名家朗读音频。学生思考：名家朗读好在哪里？

教师对学生回答进行点评和总结，并发放学习清单，了解朗读中重音、连停的概念，为后续学习打基础。

［学习提示：重音是指对一句话中需要强调的音节或词语进行重读以引起听者注意，通常用着重号标示；停连是指朗读语流的停顿和连接，停顿用"∨"标示在词语间上方位置，连接用"∧"标示在词语间上方位置。］

学生根据所学重音、连停的知识，在三篇散文和四首古诗中，分别选择一段进行重音、连停的标注，并根据标注进行自由朗读。

学生分享自己的重音、连停标注，并朗读，其他同学找出是否有朗读不当的地方。

学生总结朗读的方法。

［学习提示：对段落中表示强调的动词、形容词或者表示程度的词语进行重读；对一个句子中表示突出强调的部分进行停顿；在句子中表情达意的转折处进行停顿；或者对那些需要展开想象或进行回味的词语后进行停顿。而在句子中内容联系比较紧密的地方，顺势连带，进行连读；或者在没有标点符号而内容需要有所区分的地方则进行连读。］

2. 第二课时

完成任务：

每组推选一名同学进行朗读比赛，参赛者可从三篇散文中选择一个片段或者从四首古诗中选择一首进行朗读。

下发朗读比赛评价量表，一方面为参赛选手提供抓手，另一方面给评委提供评分标准。

表1　朗读评价量表

评价要素	优秀（8—10分）	良好（6—8分）	待提高（0—6分）
重音	声音洪亮，能完整地读出文中所有地方的重音，朗读抑扬顿挫	声音洪亮，有4—6处明显的重音	声音洪亮，有2—3处明显的重音
连停	能完整读出文章所有地方的连停，节奏分明	有4—6处明显的连停，且停顿处理得当	有2—3处明显的连停，且停顿处理得当
语气、语调	语气、语调非常符合文本的风格，基本无失误	语气、语调比较符合文本的风格，出现2—3处的失误	语气、语调不太符合文木的风格
感情	朗读情真意切，让听者感觉舒心悦耳	朗读能恰当地表情达意	朗读平淡、缺乏感情

以四人小组为单位根据评价量表打分，选出朗读赛的前三名。

前三名学生经过老师进一步指点，在全校广播站进行朗读示范。

对本次朗读比赛进行经验总结。

（二）第二课段："咬文嚼字——悟情景交融"

核心任务：体会作者情感，把握情与景的融合，并从用词、修辞的角度进行品鉴，把握写景抒情类文章的写作手法。

课时安排：3课时

1. 第一课时

完成任务：

（1）发放学习清单，了解每篇散文和每首古诗的作者、写作背景及文体知识的介绍，为后面学习打基础。

（2）出示任务单，细读第一单元文本，结合前面下发的学习清单和示例，完成以下任务单中各篇目中季节、所描写景物、景物特征、作者情感角度的分析。

表2　任务单

篇目	季节	所描写景物	景物特点	作者情感
《春》	春天	春草、春花、春风、春雨	充满生机、活力、希望	对春天的热爱和向往
《济南的冬天》				
《雨的四季》				
《观沧海》				
《闻王昌龄左迁龙标遥有此寄》				
《次北固山下》				
《天净沙·秋思》				

（3）总结分析作品中景物特点和作者情感的融通点。明确"一切景语皆情语"，作者所描绘的景物都带有主观的色彩，景与情是相辅相成的。

2. 第二课时

完成任务：

（1）细读三篇散文，分别从中找出文本中精妙的用词，例如动词、形容词、叠词、口语化的词、色彩饱满的词、情感浓烈的词等，并进行批注、品析。

示例1：小草偷偷地从土里钻出来，嫩嫩的，绿绿的。（《春》）

批注："偷偷地"这个叠词，和"钻"这个动词，展现了小草的情态和动作，体现了春天顽强的生命力。

示例2：那水呢，不但不结冰，反倒在绿萍上冒着点热气。（《济南的冬天》）

批注："反倒"一词情感浓烈，表明济南的水与众不同，似乎不和常理，表达出作者的喜爱之情。

示例3："静谧""高邈""飘然"……（《雨的四季》）

批注：以上形容词，比较具有书面色彩，体现了其雅致、极具风韵之美的语言风格。

（2）学生对词语表情达意的作用进行总结。词语具有表情达意的作用，一些语境中的关键词是作者情感的直接体现。

3. 第三课时

完成任务：

（1）细读三篇散文，分别找出文本中的修辞手法，并批注分析表达效果。

示例1：桃树、杏树、梨树，你不让我，我不让你，都开满了花赶趟儿。（《春》）

批注：运用了拟人的修辞手法，"你不让我，我不让你"写出了春天到来时百花争先恐后盛开的样子。"满"字直接写出了花之多。

示例2：山坡上，有的地方雪厚点，有的地方草色还露着，这样，一道儿白，一道儿暗黄，给山们穿上一件带水纹的花衣。（《济南的冬天》）

批注：用了拟人和比喻的修辞手法，"穿"将山人格化，赋予它人的动作，展现了小雪覆盖后的山的灵动、美妙。"一件花衣"生动写出了草色与雪色相间的美丽景象。二者与前文的"妙"呼应，表达了作者对雪后小山的无限喜爱。

示例3："花朵怒放着，树叶鼓着浆汁，数不清的杂草争先恐后地成长，暑气被一片绿的海绵吸收着。"（《雨的四季》）

批注：运用了拟人修辞手法，生动形象描绘了夏季景物热烈、粗犷的特点，表达了作者对夏雨的喜爱和赞美之情。

（2）学生对修辞手法的作用进行总结：修辞手法也有表情达意的功能，要分析作者情感，可以从修辞手法角度来体会。

（3）学生用同样的方式分析四首古诗的用词和修辞，体会写景抒情类古诗的情景交融。

（三）第三课段："手写我心——抒四季情韵"

核心任务：迁移运用所学的写作技巧，进行写作能力训练。

课时：2课时

1. 第一课时

完成任务：

（1）借鉴课文中学过的写作手法，选择你家乡某个季节的风景，写一篇写景抒情的记叙文，不少于600字。

（2）根据下发的作文评价量表，进行教师评价、学生自评和学生互评，取均分最高的十篇，推荐到校文学社刊登。

表3 作文评价量表

类型 项目	一类文 （40—45分）	二类文 （35—39分）	三类文 （30—34分）	四类文 （30分以下）
情感	文中所表达情感或主旨清晰。	文中所表达情感或主旨较为清晰	文中所表达情感或主旨不太清晰	文中所表达情感或主旨模糊、生硬
语言	运用多种写作手法，语言表现力强	至少运用两种修辞手法，语言表达较生动	至少运用一种修辞手法，语言表现力欠缺	没有运用修辞手法，语言表达枯燥乏味
详略	详略得当，素材能很好地表达情感	详略比较得当，素材能较好地表达情感	详略不当，素材不能很好地表达情感	详略不当，素材不能表达情感
卷面	卷面整洁，标点正确	卷面整洁，标点正确	卷面较整洁，标点正确	字迹潦草，错别字较多

2. 第二课时

完成任务：

（1）点评分数最高的十篇作文。

（2）十位同学配乐朗读自己的作文。其他同学根据朗读评分标准进行打分。

五、学习反思

结合语文教学的实际，形成学习反思表（表4），同学们根据自身具体情况进行反思总结。

表4 学习反思表

评价要素	优秀	良好	合格
声情并茂——感四季美好	能够熟练运用重音、连停等朗读技巧，表达出对四季美好情感的深刻理解，语调抑扬顿挫，富有感染力	基本掌握朗读技巧，能够较为准确地把握重音、连停，表达出对四季情感的感受，但感染力稍逊	对朗读技巧有一定了解，但运用不够熟练，对四季情感的表达略显平淡，需要进一步加强练习
咬文嚼字——悟情景交融	能够深入品味课文中的语段和词语，准确捕捉文学语言的精妙之处，对情景交融的感悟深刻，表达清晰	对课文中的语段和词语有一定的揣摩和品味，能够体会到文学语言的表达方式，对情景交融有一定的感悟，但表达不够深入	对课文中的语段和词语有初步的了解，但对文学语言的表达方式感悟不足，对情景交融的体会较为肤浅
手写我心——抒四季情韵	能够灵活运用所学的写作技巧，创作出内容丰富、结构清晰、语言优美的文本，成功抒发了对四季情韵的深刻感悟	尝试将写作技巧进行迁移运用，创作的文本内容较为完整，结构基本合理，但对四季情韵的感悟表达不够深入	在文本创作方面有所尝试，但内容不够完整，结构不够清晰，对四季情韵的感悟较为模糊，需要加强练习

北师大版数学五年级上册
第五单元整体设计

深圳市龙岗区龙城高级中学（教育集团）宝龙外国语学校　方婷婷

一、单元说明

《分数的意义》是师大版小学数学五年级上册第五单元，该单元内容对于学生理解数学中的数量关系、比例关系以及后续学习复杂的分数运算具有基础性和先导性作用。本单元旨在帮助学生建立分数的概念，理解分数与除法的关系，掌握分数的基本性质，并能够在实际问题中灵活运用分数知识。

二、素养目标

通过本单元的学习，学生应达到以下素养目标：

（1）数学思维：能够运用逻辑思维和抽象思维，理解分数的概念、性质和意义。

（2）运算能力：掌握分数的读写、大小比较等基本运算技能，能够准确进行分数运算。

（3）问题解决：能够运用分数知识解决实际问题，培养分析问题、解决问题的能力。

（4）合作交流：通过小组合作、交流讨论，提高学生的合作意识和沟通能力。

三、大概念

本单元的大概念是：分数是表示部分与整体关系的一种数，它表示整体被平均分割后的某一部分。分数的核心在于理解其表示的部分与整体的关系，以及分子、分母所代表的具体含义。

四、大任务

为了使学生深入理解和应用分数的意义，本单元设计了一个大任务：策划并举办一场以"分数的世界"为主题的班级展览。学生需要分组合作，通过收集资料、设计展板、制作模型等方式，展示分数在日常生活中的应用，以及分数与其他数学知识的联系。这一任务旨在让学生在实践中深化对分数意义的理解，提高综合运用数学知识的能力。

五、评价量规

为了确保大任务的顺利完成和学生的学习效果，本单元制定了以下评价量规：

（1）参与度：学生在任务中的参与程度，包括是否积极参与讨论、分工合作、完成任务等。

（2）创新性：学生在任务中展现的创新思维，如独特的展示方式、新颖的模型设计等。

（3）知识运用：学生在任务中运用分数知识的情况，包括是否能够准确解释分数的概念、比较分数的大小、进行简单的分数运算等。

（4）展示效果：展览的整体效果，包括展板的布局、模型的美观度、内容的丰富性等。

六、学习过程设计

为了确保学生深度学习《分数的意义》这一单元，学习过程设计将分为以下几个阶段，并详细阐述每个阶段的活动和目标。

（一）第一阶段：导入与激发兴趣

活动：通过生活中的实例，如分割食物、测量长度等，引导学生思考部分与整体的关系，初步感受分数的概念。

目标：激发学生对分数的好奇心，为后续学习做好铺垫。

（二）第二阶段：新知探究与理解

1. 分数的概念与读写

活动：教师讲解分数的概念，包括分子、分母的含义，以及分数的读写方法。

目标：学生能够准确理解分数的定义，并掌握分数的正确读写方式。

2. 分数与除法的关系

活动：通过具体例子，引导学生理解分数与除法的关系，如"4除以5等于多少"可以转化为"$\frac{4}{5}$"这样的分数形式。

目标：学生能够理解分数与除法之间的转换关系，并能准确进行转换。

3. 分数的性质探究

活动：引导学生通过观察和操作，探究分数的基本性质，如分数的大小比较、分数的约分与通分等。

目标：学生能够掌握分数的基本性质，并能够在实际问题中运用这些性质。

（三）第三阶段：巩固练习与应用

活动：设计多样化的练习题，包括填空、选择、判断、计算等题型，让学生在练习中巩固所学知识。同时，结合实际问题，如"一块蛋糕平均分给5个人，每个人得到多少？"引导学生运用分数知识解决问题。

目标：通过练习和应用，学生能够加深对分数意义的理解，提高解决实际问题的能力。

（四）第四阶段：大任务实施与探究

分组与合作：学生分组进行"分数的奥秘"主题展览的策划与制作。每组选出一个组长，负责协调分工和进度控制。

资料收集与整理：学生通过网络、图书等渠道收集关于分数的资料，包括分数的历史、应用案例等，并进行整理和归纳。

设计与制作：学生根据收集的资料，设计展板的布局和内容，制作相关的模型或实物展示。在此过程中，教师可以提供必要的指导和建议。

（五）第五阶段：成果展示与交流

展览展示：各小组依次展示自己的展览成果，包括展板、模型等。其他小组可以参观并提问，共同交流学习。

互动与评价：教师和其他学生可以对每个小组的展示进行评价和反馈，指出优点和不足之处，并提出改进意见。同时，鼓励学生之间进行互评和自评，促进相互学习和进步。

（六）第六阶段：总结提升与拓展

总结梳理：对本单元的学习内容进行总结梳理，强调分数的意义和应用价值。教师可以引导学生回顾整个学习过程，总结学习收获和体会。

拓展延伸：介绍一些与分数相关的拓展知识或数学问题，如百分数、比例等，激发学生的学习兴趣和探究欲望。同时，鼓励学生在课后继续探索和学习相关知识。

通过以上六个阶段的学习过程设计，学生能够深入理解分数的意义和应用，掌握分数的基本运算和性质，并在实践中提高解决问题的能力。同时，通过大任务的实施和展示交流，学生的合作意识和创新能力也得到了锻炼和提升。

七、反思

通过本次深度学习教学实践，我深刻体会到深度学习对于提高学生数学素养的重要性。在教学过程中，我注重引导学生主动参与、积极思考，通过实际操作和问题解决来加深对分数意义的理解。同时，大任务的设计也有效地激发了学生的学习兴趣和创造力，使他们在实践中获得了更多的成长。

然而，我也意识到在教学过程中还存在一些不足之处。例如，在评价量规的制定上，我可能需要更加具体和细化，以便更准确地评估学生的学习效果。此外，我还需要更加注重学生的个体差异，为不同水平的学生提供更有针对性的指导和帮助。

在今后的教学中，我将继续探索和实践深度学习的教学理念和方法，努力提升自己的教学水平，为学生的全面发展贡献自己的力量。同时，我也期待与同行们进行更多的交流和合作，共同推动小学数学教育的进步和发展。

人教版生物七年级上册
第一单元整体设计

深圳市龙岗区南湾街道沙湾中学　　陈卓纯

深度学习的真实学习，选择恰当的真实情境，设计学习任务，强调学习者的主动参与，为了达成深度学习，在教学中尝试基于深度学习的单元教学设计。

单元设计流程如下：

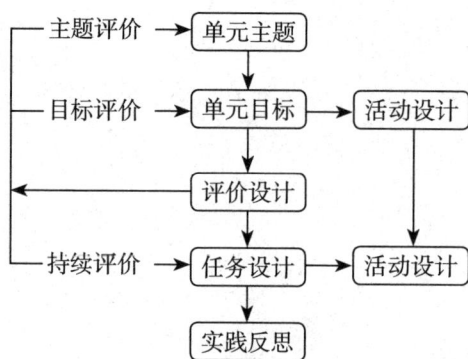

图1　"生物和生物圈"单元教学设计流程图

选取人教版生物七年级上册第一单元为例进行单元设计案例分析。

一、课前准备，分析教学要素

（一）教学内容分析

有关内容出现在初中生物学人教版教材七年级上册第一单元，一共2章，第一章是认识生物，认识生物的特征，并学会调查的方法调查身边的生物并进行简单分类；第二章是了解生物圈，生物的生活离不开环境，同时生物又能适应和影响环境。生物与环境保持着十分密切的关系，并形成多种多样的生态系统。生态系统自我调节的能力是有限的，人类活动可能对生态环境造成一定的破坏，维护生态平衡对于人类的生存和发展具有重要意义。

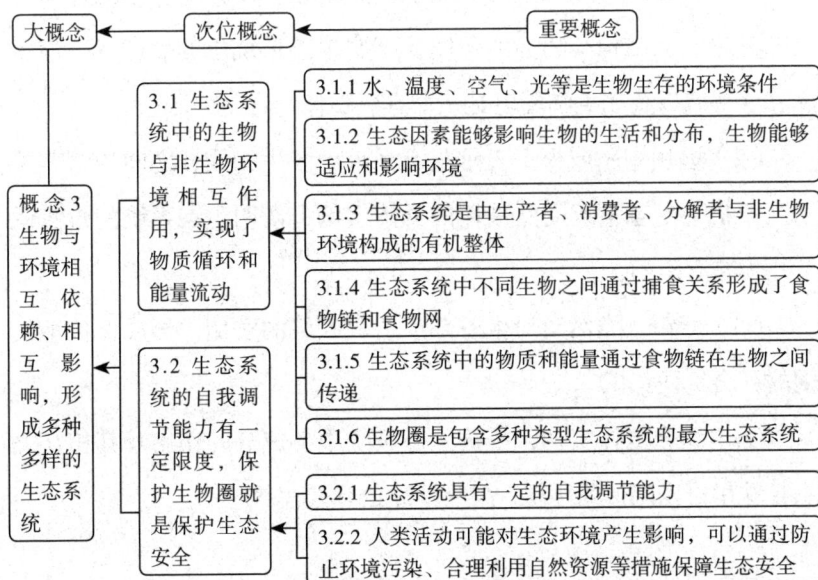

图2 "生物和生物圈"相关大概念建构图示

通过本单元的学习，学生能够运用系统性思维认识到生物与环境的相互关系，生物适应环境，同时生物与环境之间相互影响，形成热爱、敬畏自然的价值观，树立人与自然和谐共生的生态观。

（二）学情分析

七年级的学生刚踏进初中，小学阶段科学学科学习的有关生物学的知识，多是以探究活动为主，缺乏系统性、深刻性学习。

整个单元计划用5个课时来完成学习，这样有利于整体发展学生的变化概念、证据推理、科学探究等方面的素养，具有一定引领性。

二、联系课标，确定单元目标

在本单元学习中，学生要达到以下要求：

（1）通过资料分析、调查、实验探究等活动，学习调查和观察的方法。从结构与功能的角度，阐明生态系统中的生产者、消费者、分解者以及非生物环境是一个有机整体。

（2）运用图示或模型表示生态系统中各生物成分之间的营养关系。分析某生态系统受到破坏的具体实例，阐明生态系统的自我调节能力是有限的。

（3）分析人类活动对生态环境造成破坏的实例，形成保护生物圈的社会责任意识。

（4）结合具体实例，分析生态系统中各成分的作用及其相互关系，并用恰当的形式呈现，发展学生的建模思维。

三、贯穿全程，制定多元评价

开展持续性评价可以随时了解学习目标的达成情况、监测与调控学习过程、反馈与指导改进教学，达到教学评一体，所以评价应该以学生发展为中心，指向学生素养，基于深度学习，是多样性的、过程性的、激励性的评价。该单元教学的持续性评价的设计如下：

表1 "生物和生物圈"持续性评价表

序号	评价目标	评价任务	评价标准	评价方式
1	梳理生物特征，判断生物与非生物	举例说明分析判断	1.说出部分生物特征，判断正确率较低 2.说出生物特征，通过观察对比能准确进行判断是否属于生物	学案、表现
2	调查校园生物种类	分组调查校园某一角落生物数量	1.小组分工不明确，没有完成调查活动 2.能进行小组大致分工，大致调查数量 3.能很好进行小组分工，调查生物具体情况并用工具记录	调查报告、活动观察
3	理解生物与环境之间的关系	完成实验	1.不关注绿色植物，仅能说出常用的例子 2.对植物认识不广泛，能准确说出课本提供的例子 3.较了解植物的资源，能开拓植物与人类关系的事例并进行分析	思维导图、作业完成
4	生态系统的组成，通过食物链和食物网	案例分析制作生态瓶	1.小组分工不明确，完成度不高 2.小组各司其职，完成度高	案例分析、讨论交流

续 表

序号	评价目标	评价任务	评价标准	评价方式
5	了解生物圈	分组介绍各种生态系统	1.简单介绍某种生态系统 2.通过课件、海报等展示工具比较详细介绍某种生态系统	小组展示

　　持续性评价贯穿整个单元教学，有教师对学生不同活动表现的评价，不仅是成绩的评价，还有合作、表述、思维等方面的多元评价，还设置了生生任务评价表，比如，在本单元教学实践活动中设置观察者，观察者引导组员讨论进行分工，观察组员表现，本任务考察要点为参与度与完成度，并在对应方框内填写字母，A等级为优秀，B为良好，C为一般，D为有待改进，表格设置如下：

表2 "生物和生物圈"校园生物调查任务小组评价表

组别	观察者	发现者	记录者	反馈者	分享者
组员					
参与度 （ABCD）					
完成度 （ABCD）					

四、任务拆解，设计单元活动

　　设计学习活动要在做好前面三项充分的分析、研讨，从活动准备、展开、总结、拓展去组织具有评价性的任务或者活动，要体现深度学习的要求，同时要体现目标导向，体现学科核心素养，以及对学生自主学习和信息素养的培养。设计学习活动还要进行预设，在此活动中学生可能的表现、出现的状况，以及做出相应的预案，做到能够及时调整。

本单元主要教学活动设计如下：

（一）课时1

（1）展示图片，让学生仔细观察图片中出现的生物与非生物。

（2）引导学生根据书上提供的图片和文字资料和已有的生物学知识，说明生物的特征。

（二）课时2

（1）把全班同学分成不同小组，选出小组长，说明本节调查课的目的、步骤，各小组自由选择调查范围（不可在教学区）。

（2）强调注意事项、纪律要求。

（3）学生进行校园生物调查活动。

（4）帮助学生归纳总结出调查的生物。

（三）课时3

（1）根据经验举例并做出分析，从而归纳出结论。

（2）各小组通过教师的引导，以各自收集鼠妇为背景，分析、讨论、归纳出探究的一般过程。进行分组实验探究并展示交流。

（3）学生分析案例，归纳出探究的一般过程。

（四）课时4

（1）通过观察自制生态瓶，分析问题，寻找答案，思考生物与环境之间的关系。

（2）学生进行资料分析（教材提供的资料），找出生态系统的组成，并且讨论它们之间的关系。

（3）学生观看视频，讨论分析生物之间吃与被吃的关系，进行资料分析，通过分析了解食物链中各个环节之间的关系，同时了解营养物质在食物链中的流动。

（五）课时5

（1）学生详细介绍几种熟悉的生态系统。

（2）从不同的生态系统各自的特点及作用，由学生讨论找出共同点，从而得出生物圈是最大的生态系统。

（3）通过观看视频以及资料分析，列举生物圈所受影响。

人教版生物七年级下册
第四单元整体设计

深圳市龙岗区南湾街道沙湾中学　陈卓纯

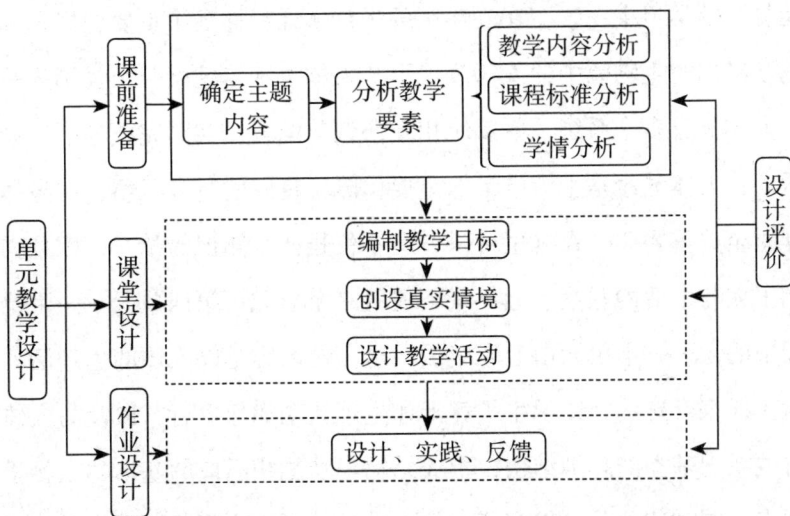

图1　"人体的生理和健康"单元教学设计框架图

　　深度学习是培养核心素养的重要途径，强调教师主导下的学生主动参与，深度学习倡导单元学习，对于大单元教学在教育行业积极探索中，其框架或者说实践模型有多种观点，学习了专家们的观点后，个人认为可以从单元主题、单元目标、持续评价、活动设计、实施反思等方面进行构建一个单元教学。

选取人教版生物七年级下册第四单元的部分内容为例进行单元设计案例分析。

一、选择单元主题学习

（一）主题名称

"人体生理与健康"（根据新课标确立主题）

（二）主题概述

这是根据人教版生物七年级下册关于学科内综合确定的一个单元复习的学习主题，在2022年版的生物学课程标准中重要的概念标题已经由"生物圈中的人"改成了"人体生理与健康"，强调的是"人体具有多个系统，各系统相互协调与配合，共同完成各项生命活动，人体健康是生活质量的重要保障，良好的行为习惯，对身体健康至关重要"，在这里可以看出不仅强调了知识的学习，而且强调了人与生活的联系。七年级下册就一个单元，第四单元——生物圈中的人——本单元由七章组成。这部分内容是以人体的生理活动为主线来安排的，让学生了解人体生理活动如何进行，以及与人体有关系统基本的解剖结构，形成结构与功能相适应的基本的生物学观点，同时这部分又贯穿了人体生命活动对生物圈环境的依存、适应和影响的生物学观点。

（三）学情分析

学生对各个系统的结构和功能有了一定的认识，并且要通过暗线把它们联系起来。物质在人体内哪些系统结构当中，按照怎样的路径运行？什么物质在身体的什么系统结构当中发生了怎样的变化？这些物质所行之处和所变化之处有什么样的联系？基于此确定了主题，并计划用3个课时来完成学习，这样有利于整体发展学生的变化概念，证据推理，科学探究等方面的素养，具有一定引领性。

二、确定单元目标

在本单元中，学生学习了每一个系统的相关的结构以及功能，能够分块掌握知识，如果要体现深度学习，但是，这里隐藏的一条暗线就是它们都蕴含着物质的在人体内的进与出以及所发生的变化，掌握这个内在逻辑正是核心素养的体现。包含以下目标：

（1）针对核心素养里的生命观念，我们着重体现的是结构和功能的相适应，学生要认识到系统的结构和功能，能准确地识记相应的名称以及它们的对应关系。

（2）针对这个科学思维的核心素养，主要体现的是物质在人体内的所行之处，也就是所经过的这个路径，学生可以自主进行讲述。

（3）针对核心素养里的探究实践用职业之间进行联系，能够在所创设的情境中运用知识解决问题。

（4）态度责任，主要体现在小组合作以及他们最后的展示效果。而且在这整个学习过程当中，也去让他们去关心生活的地球，关心身边的人，关心自身的健康。

三、持续性评价

开展持续性评价可以随时了解学习目标的达成情况、监测与调控学习过程、反馈与指导改进教学，达到教学评一体，所以评价应该以学生发展为中心，指向学生素养，基于深度学习，是多样性的、过程性的、激励性的评价。

以"人体的生理和健康"为例，该单元教学的持续性评价的设计如下：

表1 "人体的生理和健康"持续性评价表

序号	评价目标	评价任务	评价标准	评价方式
1	了解人体各器官、系统的生理活动和结构基础	分小组分模块，制作课件，上台展示，观察学生识图讲述的准确性	1.能说出部分结构名称 2.准确识图说出结构名称	学案及表现
2	建立结构和功能相适应的观念	观察学生回答问题或做题时，是否从结构、功能、特点等角度进行复习讲述和分析总结	1.不能将结构和功能对应上 2.认识到结构和功能相对应 3.能够分析总结结构与功能相适应的特点	学案、课堂观察
3	物质在人体内的变化以及途径，生物是一个整体的基本观念	完成多样化作业，并进行分享	1.不关注变化，不能完整说出途径 2.知道哪些物质发生了哪些变化 3.知道哪些物质在人体内运输途径	思维导图、架构图等

续 表

序号	评价目标	评价任务	评价标准	评价方式
4	人与自然和谐发展的理念	完成多样化作业，并进行分享	1.不关注人的生理活动与自认的关系 2.有关注和谐发展的意识 3.会设计方案宣传和谐发展的理念	调查报告、小组分享等

四、单元结构化活动设计

设计学习活动先研讨，从活动准备、展开、总结、拓展去组织具有评价性的任务或者活动，要体现深度学习的要求，增强内容的情境化、结构化、活动化。同时要体现目标导向，体现学科核心素养，以及对学生自主学习和信息素养的培养。设计学习活动还要进行预设，在此活动中学生可能的表现、出现的状况，以及做出相应的预案。

以"人体的生理和健康"为例：

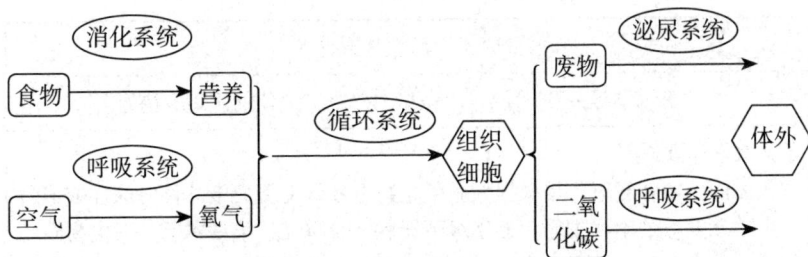

图2 "人体的生理和健康"单元设计框架图

上图为本单元活动设计所围绕的整体框架图，各个系统的结构和功能为"点"，各个系统的路径为"线"，在人体内的路径和变

化为"面",利用任务驱动和小组合作促进学生的深度学习。活动设计指导如下:

(1)针对核心素养里的生命观念,为了达成认识系统的结构和功能的目标,主要以小组合作的形式来分模块展示以及交流活动。

(2)针对这个科学思维的核心素养,学生讲述物质在人体内的所行之处主要体现,以思维导图或者是路线图的形式,或者框架图的形式,来让学生进行一个梳理并且展示。

(3)针对核心素养里的探究实践,创设不同的情境,用职业进行联系,比如环保工作者,需要搜索空气污染的相关知识,并且制作课件,给同学进行一个宣讲科普;又比如营养师,需要结合所学的消化系统的内容调查家人或者同学一日三餐的食谱,进行一个调整,制出更合理的食谱。

(4)态度责任,主要体现在小组合作的和谐度以及他们最后的展示效果。而且在这整个学习过程当中,也去让他们去关心生活的地球,关心身边的人,关心自身的健康。

表2 "人体的生理和健康"单元教学设计表格

单元学习教学设计	
单元学习主题	"人体的生理和健康"

单元教学设计说明

"人体的生理和健康"是根据人教版生物七年级下册关于学科内综合确定的一个单元复习的学习主题,七年级下册就一个单元,第四单元——生物圈中的人——本单元由七章组成,这七章又可分为各有特色的三个部分,其中第二部分包括第二至六章,依次是人体的营养,人体的呼吸,人体内物质的运输,人体内废物的排出和人体生命活动的调节。这部分内容是以人体的生理活动为主线来安排的,让学生了解人体生理活动如何进行,以及人体有关系统基本的解剖结构,形成结构与功能相适应的基本的生物学观点,同时这部

单元学习教学设计	
单元学习主题	"人体的生理和健康"

分又贯穿了人体生命活动对生物圈环境的依存、适应和影响的生物学观点。不同于按教材章节进行的复习，整合后的单元学习加强了生物是一个整体的暗线和核心素养的培养

单元学习目标
了解人体各器官、系统的生理活动和结构基础；建立结构和功能相适应的观念；物质在人体内的变化以及途径，生物是一个整体的基本观念；人与自然和谐发展的理念

单元整体教学思路

上图为整体框架图，各个系统的结构和功能为"点"，各个系统的路径为"线"，在人体内的路径和变化为"面"，利用任务驱动和小组合作促进学生的深度学习

单元作业与拓展学习设计
复习巩固练习（检测类作业）
四个系统的识图（检测类作业）
问答题（拓展类作业）

特色学习资源分享
学科网组卷，小组合作

表3 "人体的生理和健康"课时教学设计表格

课时教学设计		
课题	"人体的生理和健康"——结构与功能	
课型	章节复习课第1课时	

教学内容分析
本课时为本单元教学设计的第1课时,"所见"为主要是基础知识的梳理与熟练

学习者分析
学生已完成本课时新课学习,拥有一定相关知识储备,但是学生存在差异,而且初一,学生的心理发育不够成熟,思维模式为形象思维痕迹,无法透过现象看本质,好奇心强表现欲强,采取任务驱动+小组合作+分组分工分层分任务的形式激发学生的深度学习

学习目标确定
知识目标:掌握四个系统的结构和功能以及途径
技能目标:增强识图画图能力、表达能力
情感目标:增加团队意识

学习重难点
结构与功能相适应的特点分析

学习评价设计
在限时内进行分工合作并完成任务,抽象的知识要系统地掌握,对初一的孩子来说比较困难,看完成情况作为评价
准确识记名称,清晰路线,完成情况作为评价

学习活动设计		
教师活动	学生活动	设计意图
材料准备:大白纸,彩笔,分组题目,每个同学的识图作业 布置任务:小组合作,5分钟内完成某个系统的结构图	1.根据课前分工,明确自身任务 2.小组合作完成画图,并标出结构名称 3.小组代表进行展示,其他小组找出有错之处	加强小组合作 增强识图技能 识别系统结构

续 表

学习活动设计		
教师活动	学生活动	设计意图
纠正错误的地方	其他同学在小组展示时同步订正自己的识图作业	
布置任务：结构对应的功能，在上述作图中书写关键词 布置任务：讨论总结主要器官适应功能的结构特点 纠正错误的地方	1.小组合作讨论并书写关键词 2.5分钟讨论、展示并派代表 3.其他同学在自己的识图作业书写关键词	增强信息提取总结能力，书写关键词 认识到结构和功能相适应
布置任务：在图上化出路线，并在图下写出路径 纠正错误的地方	1.小组讨论并在图上画出路线，并在图下写出路径。 2.其他同学在自己的识图作业画出路线	增强整体意识
布置任务：课堂检测	限时完成检测	提升限时完成练习的能力，检测知识掌握情况
作业： 1.完成框架图初步模块 2.选择一个知识拓展题搜索资料，拍成讲解视频		

整个大单元教学结构化活动设计包含单元教学规划和课时教学设计两个部分，单元教学规划含单元主题、课型、课时、目标、活动、作业等内容，课时教学设计含每课时目标、评价、问题情境、任务、检测以及作业等内容。

人教版语文七年级下册
第三单元整体设计

深圳市龙岗区横岗六约学校　程梅

一、单元学习主题阐述

家国情怀，是人类共有的一种朴素情感，它意味着热爱祖国的大好河山，热爱家乡的土地人民，愿意为保家卫国奉献自己的一切……这是国家和民族的精神凝聚力。本单元以家国情怀为主题，选编的五篇文学作品，有热情澎湃的诗歌，有情感丰富的散文，还有质朴爽朗的北朝民歌，五篇作品共同表现了不同时代的人民对祖国、家乡的浓厚情感，这些作品运用的抒情方式和富有情感的语言非常值得精读品味。

二、单元教学设计说明

在语文学习过程中，要培养爱国主义、集体主义、社会主义思想道德，逐步形成正确的世界观、人生观、价值观；通过多种阅读方法，具有独立阅读能力，乐于探索、感知生活，提高语言表现力和创造力，提高形象思维能力；能感受语言文字的美，借助不同媒介表达自己的见闻和感受，学习发现美、表现美和创造美，形成健康的审美情趣。

本单元所选篇目能增强学生对中华文化的认同感，进一步继承和弘扬中华优秀革命文化、社会主义先进文化，能拓宽学生的文化视野。同时，本单元内容抒情意味较浓，适合培养学生的朗诵水平，并能通过对情感丰富的语句的批注和涵咏感受语言文字的丰富内涵和艺术价值，能丰富学生的情感体验和精神世界。

三、单元学习目标

（1）识字写字：能准确朗读并书写本单元生字新词60个左右。

（2）阅读鉴赏：结合自己对课文内容情感的理解，有感情地朗读课文。了解直接抒情和间接抒情，能运用三种方法批注课文。

（3）表达交流：学习自信、负责地表达自己的观点，学会在口述故事和习作中恰当抒发自己的真情实感，增强文章的感染力；能相互评改作文分享感受。

（4）梳理探究：按照一定的评价标准分类整理语言材料，组织文学活动。

四、单元大概念

（1）练习并掌握三种不同的批注方法。

（2）识别、辨析并运用两种不同的抒情方式。

五、单元大任务

七年级准备在国庆节举行"爱我中华"系列活动，有诗文朗诵会、思维导图展、英雄故事会、作文大比拼等活动项目。邀请你来当评委，评选出最佳作品进行颁奖。

六、单元评价

表1　单元评价量表

课程	评价目标	评价任务	评价标准
"声临其境"	能准确朗读课文，结合文本语境，恰当地处理重音、节奏、停连，富有感染力地朗诵出文字背后的画面 理解朗诵作品的内涵	课前：让小组从四篇课文中选取一篇，进行分工：朗诵内容分配、配乐选择、背景视频选择、朗诵技巧设计等 课上：练习三分钟后，分组上台有感情地朗诵	准确、流利、有感情 分工合理，整体和谐 配乐、视频选择得当
图现其程	理清写作思路 提取并整理关键信息	课上：观察学生在绘制《谁是最可爱的人》的结构图和《老山界》的路线图的过程中能否抓住关键词句，条理清晰地构图 课后：关注学生在作业中能否条理清晰地概括一篇文章的主要内容	构图清晰 要点全面 美观大方
辞蕴其情	明确两种抒情方式的区别 能从不同角度批注句子，并说出其蕴涵的丰富情感	课上：通过课堂互动观察学生能否结合生活体验说出两种抒情方式不同的表达效果；在学生批注的过程中，来回巡视，留意学生能否从手法、作用、人物品质、作者情感等角度对文中富有表现力的语句做出2处以上详细的批注	能说出区别 能说出不同手法的不同表达效果 能从四个角度批注语句

续 表

课程	评价目标	评价任务	评价标准
辞蕴其情		课后：在学生的作业中进一步检察学生能否根据批注汇总成100字左右的颁奖词	
话说其勇	根据人物主要品质选取典型故事故事稿能运用事件、人物描写、物件描写、景物描写等间接抒情大方表达，富有感染力	课前：布置学生运用信息手段搜集形式多样的故事材料，选择一个打动自己的英雄人物，写一篇故事稿或提纲。从学生提交的作业中观察学生是否能选取典型故事，并运用抒情方式记叙一个英雄故事 课上：先让小组交流讨论，选出一个展示代表。观察学生在选择的过程中是否能根据本次分享要求。当代表上台声情并茂地讲这个故事时，通过师生访谈，观察学生是否懂得灵活运用抒情方法增强故事的感染力 课后：通过检察学生的作业，看学生是否能结合要求重改小故事，最终形成英雄人物故事集	人物选择符合要求 所选故事典型 讲故事时能运用不同抒情手法，富有感染力 故事集是否都能运用抒情手法
诗言其怀	能带着自己的理解解读诗歌、朗诵诗歌 能借助多媒体手段对朗诵视频进行剪辑	课前：要求给学生提供诗歌资源，让学生围绕活动主题，搜索与主题相符的诗歌作品，并通过查阅资料理解诗歌；朗诵该诗歌，并制作视频作品提交给老师，老师收到后观看作品并检察学生是否选材合适、朗诵用情、配乐恰当，然后提出相应的意见，供学生修改 课上：播放学生提交的诗歌朗诵作品。师生共同欣赏，观察谁能对所选诗歌进行一分钟解析，是否都能做到有感情地诵读诗歌	所选诗歌合乎主题 有解析 朗诵有感情 有较好剪辑效果

续 表

课程	评价目标	评价任务	评价标准
文叙其心	能在规定的时长完成习作 在习作中适度运用抒情方式 能按要求评价和修改作文	课上：在40分钟内写一篇500字的作文 课后：教师进行批改，发现共性问题和个性问题，重点检察学生是否能恰切运用抒情方式 课上：观察学生在聆听优秀习作时，能否说出该习作存在的亮点，能否说出该习作运用了哪些抒情方式。通过观察学生的评语和修改文字，观察学生是否能准确识别和运用抒情方式	字数达标。 有运用抒情方法 能说出别人习作中运用了哪些抒情方法 给同学的评价语能紧扣写作要求 能按修改意见重新升格自己的习作

七、单元教学活动设计

表2　教学活动

课程	教师活动	学生活动	活动意图说明
"声临其境"	环节一： 播放本校上一届课文朗诵比赛参赛作品《黄河颂》，请学生从节奏、重音、停连、语气四个角度进行评价 环节二： 今年的朗诵比赛即将到来，请各小组从本单元四篇现代文中选取一篇作为朗诵素材，可以配上音乐、视频等，增强感染力。朗诵前先简述对这篇作品的理解	环节一： 全班共同欣赏《黄河颂》的朗诵视频，从节奏、重音、停连、语气四个角度进行评价，并说说自己的提升建议 环节二： 小组合作练习，从四篇课文中选定朗诵作品，明确分工：朗诵内容选择、合作方式、配乐选择、背景视频、内容理解、基调确定等	先通过观看学长们的参赛作品进入活动情境，了解朗诵的四个外部维度。接着通过小组合作朗诵课文，对四篇课文的情感有所比较，对最触动自己的课文有进一步的理解，在此基础上进行分工合作。最后在展示评价的过程中提升对作品的理解力和对课文抒情色彩的感受力

续 表

课程	教师活动	学生活动	活动意图说明
"声临其境"	环节三： 请学生以片段的方式展示朗诵，生生互评	环节三： 小组上台展示。一人解说理解后，全组朗诵展示。展示完毕后，全班范围内共评：哪些朗诵作品最让你如临其境？联想到怎样的情境？说说你的想法（提示：可从音准节奏、重音处理、情感变化、配乐视频等角度评说），最终评选出"最佳作品奖"	
图现其程	环节一： 请学生对比阅读《老山界》和《谁是最可爱的人》，围绕"困难"一词画出相关词句，梳理出红军和志愿军各遇到哪些困难 环节二： 请学生结合环节一的圈画，绘制出《老山界》中红军的行军路线图及《谁是最可爱的人》一文的结构图 环节三： 要求小组交流后修改自己所绘制的图，选定代表上台投影所绘图，解说自己的理解。全班共评	环节一： 自读两篇课文，围绕"困难"这个关键词寻章摘句，梳理出红军和志愿军遇到的困难有哪些不同，并在小组范围内交流 环节二： 速读两篇课文，结合红军和志愿军遇到的不同困难，进一步圈画时间、地点、困难提示语等，绘制出《老山界》一文中红军行军路线图和《谁是最可爱的人》一文的结构图。小组内交流，自我修改调整，	环节一旨在通过圈点勾画关键句，整体把握二文主要内容，并有一个横向对比，对两类英雄人物身上的品质有更清晰、全面的认识； 环节二旨在通过思维导图，让学生重入课文情境，更直观地体会到当时的进程，对整个过程有一个更完整的印象，也在绘图过程中进一步锻炼了学生的思维水平，增强学生的梳理意识

课程	教师活动	学生活动	活动意图说明
图现其程		选出最佳路线图和最佳结构图，准备展示	环节三旨在通过交流碰撞锻炼学生的表达能力，并能进一步增强对革命历史的敬畏，深入感受到作品的家国情怀和爱国精神
辞蕴其情	环节一： 明确学习任务：请学生从本单元四位作者中选一位颁发"最佳抒情奖"，要求：结合具体句段说说颁奖理由 环节二： 从所选课文中找出两处以上最让你心动的抒情句段，并进行批注（角度：抒情方式、抒情效果） 环节三： 请同学各抒己见，根据同学们的发言，归纳间接抒情的几种常见方法，最后为心中的获奖者拟颁奖词	环节一： 浏览课文，确定自己精读的篇目，准备批注用笔 环节二： 进入精读过程，从抒情方式、抒情效果等角度批注两处以上，并反复朗读，力争读出抒情的味道 环节三： 全班范围内举手分享，各抒己见，并根据交流情况完善自己的批注，最后整理出常见的几种间接抒情的手法：借景抒情、借物抒情、借事抒情、借议论抒情、借细节描写抒情等；最后为获奖的作者拟发颁奖词，注意抒情方式的运用	环节一旨在创设学习情境，引学生从通读进入到精读，从对内容的感知到对语言的品析 环节二旨在培养学生批注的习惯，给学生提供批注的角度，鼓励学生紧扣中心表达自己的想法 环节三旨在通过交流探讨学会品味四篇作品的语言特点和抒情效果，归纳出常见的几种间接抒情的手法，通过拟颁奖词练习运用这些方法，也为后面的口语表达和书面表达做铺垫

课程	教师活动	学生活动	活动意图说明
话说其勇	环节一： 请学生跳读课文，选取一个故事练习试讲。要求至少运用一种抒情方式增加感染力 环节二： 小组内互讲，选出代表 环节三： 请同学互相评价	环节一： 读课文，选人物，定故事 环节二： 小组内练习、互评，选出代表并提出建议 环节三： 小组代表上台讲故事，其余小组结合评价量表打分	这节课主要通过活动考查学生是否能运用恰当的抒情方式增强故事的感染力，为后面的写作做铺垫
诗言其志	环节一： 组织小组内交流所选诗歌内容及情感理解 环节二： 组织各小组交流配乐选择及朗诵技巧 环节三： 确定各组朗诵人	环节一： 小组内交流自己选择的诗歌，从主题和情感理解两方面表述选择的原因 环节二： 小组内练习朗诵 环节三： 小组代表上台展示朗诵 其余组结合评价表打分	这节课与上节课比较相似，都是通过竞赛活动的形式考查同学们的批注角度是否全面、情感理解是否准确
文述其怀	环节一： 明确习作内容。 环节二： 提出习作要求。 环节三： 定时习作练习 环节四： 指导评价	环节一： 审题交流 环节二： 对要求提出自己的困惑。 环节三： 进行限时习作 环节四： 结合评价标准互评	这节课以前两节课的学习为基础，从口头表达到书面表达，让学习目标落实得更具体到位

八、单元设计反思

　　考虑到七年级学生还处在小学与中学的衔接阶段，在设计本活动时，我尤其注意活动环节的趣味性，并尽可能让所有学生都有参与和表达的机会。但考虑到有些环节需要用到电子产品，有些环节需要学生具备一定的剪辑能力，还有些环节需要具备构图能力，因此多以小组合作的方式组织活动。不过，考虑学习活动的有序性，本设计在具体实施时，教师应注意引导学生对评价标准有清晰的理解，在评价标准的引领下更高效地完成学习任务。在最后的写作环节，教师要引导学生巧妙借鉴课文的抒情方式，将情感更自然地融入相应的写作材料中。

沪教牛津版英语八年级下册
第三单元整体设计

深圳市龙岗区横岗六约学校　胡园园

一、单元主题：Traditional skills

该主题属于"人与社会"范畴下，"文学、艺术与体育"主题群，涉及中外影视、戏剧、音乐、舞蹈、绘画、建筑等艺术形式中的文化价值和作品欣赏，优秀的艺术家及其艺术成就。

主题意义：了解传统技艺、培养学生对传统技艺的兴趣和保护传统技艺的意识。

二、单元内容分析

（一）重点板块

本单元围绕"传统技艺"的话题展开，涉及的语篇包含说明文、图片、记叙文、采访报道、对话、海报等。为了帮助学生更深入了解本单元主题意义，教师补充了部分语篇，包括多模态语篇

（含视频、音乐、图片等）。

1. Reading板块

Reading板块的说明文介绍了一项中国的传统技艺——鸬鹚捕鱼，篇章不但细致描述了鸬鹚捕鱼的过程，而且点明了这项传统技艺的传承面临后继无人的局面。

2. Listening板块

Listening板块的话题是"剪纸"。听力短文是一段图片描述，主要描述了一名剪纸艺人在河边剪纸的场景，听力文本中涉及许多关于人物和周边环境的细节描述，这是学生在听的过程中需要关注的重点。

3. Grammar板块

Grammar板块包含三篇小短文，练习A是一篇王大民饲养小鸬鹚的短文，要求学生用选项框中单词或短语的一般现在时的被动语态完成短文。该练习旨在利用与主阅读相关联的语境帮助学生掌握动词的一般现在时的被动语态。练习B是一段关于王大民接受电视台采访的短文，要求学生用选项框中单词或短语的一般过去时的被动语态完成短文。该练习旨在利用与主阅读相关联的语境帮助学生掌握动词的一般过去时的被动语态。练习C是邀请王大民拍摄纪录片的导演所说的一段表示感谢的话，要求学生用选项框中单词或短语的一般将来时的被动语态完成短文。该练习旨在利用与主阅读相关联的语境帮助学生掌握动词的一般将来时的被动语态。

4. Speaking板块

Speaking板块介绍了如何描述人物的外貌。会话部分要求学生口头描述一项中国的传统技艺——剪纸。会话人物不但呼应了单元主题，而且在内容上为写作板块的任务做了准备。

5. Writing板块

Writing板块介绍了一位传统的手艺人，写作任务涉及人物描写、传统手艺工序介绍、作者感想等方面，是主阅读篇章和口语板块所学知识和技能的综合运用。写作包含两个部分，练习A提供了一篇描述捏面人艺人及其手艺的范文。练习B要求学生选择一名自己了解的传统手工艺者，根据写作框架和范文，完成一篇介绍该手工艺者及其技艺的短文。

6. More practice板块

More practice板块以报刊文章的形式呈现。篇章题材延续了本单元的话题，介绍了另一种中国传统技艺——皮影戏。学生通过阅读篇章，能进一步了解中国优秀的传统文化。

7. Study skills板块

Study skills板块旨在让学生了解宣传资料的一些基本特点和写作技巧。

8. Culture corner板块

Culture corner板块介绍了中国传统的装饰物——中国结。

（二）单元教材语篇

为了实现单元整体教学目标，增强语篇和单元主题之前、语篇与语篇之前的关联性，对单元教学语篇进行了补充、重组和整合。以下为单元教材语篇，包括教材语篇和教师补充语篇：

表1 *Traditional skills*单元教材语篇

教材语篇	语篇类型	语篇内容	主题意义
P35 Fishing with birds	说明文	介绍一项中国的传统技艺——鸬鹚捕鱼	了解这一传统技艺的现状和未来
P38 Paper cutting	图文	描述了一名剪纸艺人在河边剪纸的场景	初步介绍剪纸
P39 Damin and his birds	记叙文	描述王大民饲养小鸬鹚	通过文章，了解如何保护传统技艺
P40 a TV programme about Damin	采访	王大民接受采访	
P41 the British director talked to Damin	感谢辞	王大民拍摄纪录片的导演对王大民的感谢词	
P43 Paper cutting	会话	了解剪纸历史、制作剪纸的方法以及剪纸的用途	呼应单元话题，并且在内容上为写作板块做铺垫
P44 A person with a traditional skill	说明文	描述捏面人这项传统技艺	提供参照范文和写作提纲，介绍自己所熟悉的一位传统手工艺者及其手艺
P45 Shadow puppet plays	报刊文章	介绍中国另一种中国传统技艺——皮影戏	旨在培养学生对传统技艺的兴趣和保护传统技艺的意识
P46&47 Study skills	海报	介绍海报的基本特点和写作方法	引导学生尝试制作一份海报
P48 Chinese knots	说明文	介绍了中国结这一传统手工艺品及其文化内涵	帮助学生拓展知识面，并进一步了解祖国优秀的传统技艺和文化

表2　*Traditional skills*单元补充语篇

①The Art of Fishing With Birds	多模态	漓江上的渔民	激发学生的学习兴趣，链接新知
②汉语微课堂（Chinese Papercutting）	多模态	剪纸的由来、传播及其发展	补充教材对剪纸的介绍

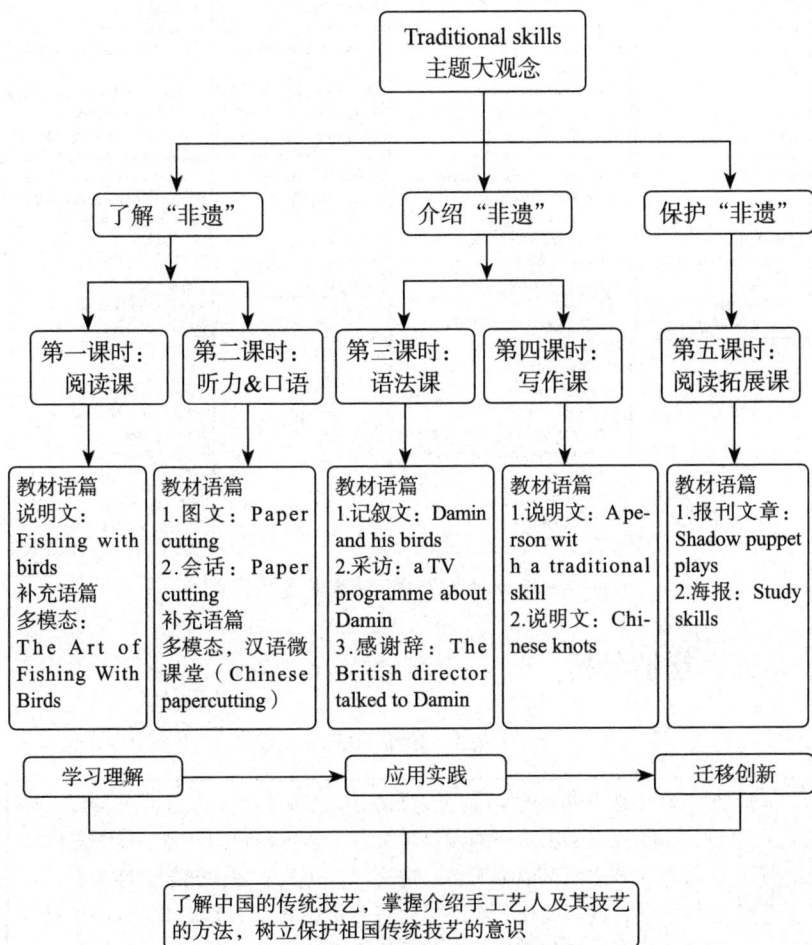

```
                    Traditional skills
                    主题大观念
        ┌──────────────────┼──────────────────┐
   了解"非遗"          介绍"非遗"          保护"非遗"
   ┌─────┴─────┐      ┌─────┴─────┐              │
第一课时：   第二课时：  第三课时：   第四课时：     第五课时：
阅读课      听力&口语   语法课      写作课        阅读拓展课
```

教材语篇 说明文： Fishing with birds 补充语篇 多模态： The Art of Fishing With Birds	教材语篇 1.图文：Paper cutting 2.会话：Paper cutting 补充语篇 多模态，汉语微课堂（Chinese papercutting）	教材语篇 1.记叙文：Damin and his birds 2.采访：a TV programme about Damin 3.感谢辞：The British director talked to Damin	教材语篇 1.说明文：A person with a traditional skill 2.说明文：Chinese knots	教材语篇 1.报刊文章：Shadow puppet plays 2.海报：Study skills

```
学习理解  ───────►  应用实践  ───────►  迁移创新
```

了解中国的传统技艺，掌握介绍手工艺人及其技艺的方法，树立保护祖国传统技艺的意识

图1　*Traditional skills*单元主题内容框架图

Traditional skills 语言大观念

小观念1：围绕语义整合性学习词汇和表达方式——语言知识

小观念2：运用语篇形式分享和交流——语篇知识

描写人物：
√ over 65
√ very fit
√ enjoy working
√ young
√ middle-aged
√ old
√ heavy
√ big
√ thin
√ tall
√ short
√ black\blond\brown hair
√ long\short hair
√ wear glasses
√ hands are rough

介绍传统技艺及其工序：
√ fisherman
√ cormorant
√ dive down
√ stay under the water
√ for up to two minutes
√ set of
√ get ...ready for wvork
√ tie a piece of grass around their necks to stop them eating big fish
√push...into...
√ use several ways to attract fish
√ during the day
√ jump up and down
√ after dark
√ hang a light on a post at the front of the boat
√ are required for
√ paper cuttings
√ scissors
√ patterns(animals\plants\chinese characters for health and good luck)
√ dough
√ is used to
√ shadow puppet plays
√ hard leather

说明文的篇章结构：
√ Beginning:
Introduce the craftsman
√ Body:
Describe the person's work
√ Ending:
Give your opinion about the man and his\her work;
海报的篇章结构：
√ Title
√ Key information
√ Detailed information
√ Pictures

说明文描述方式：
√ Describe a person: Who is he\she?What does he\she look like?
√Describe the person's work: the tools needed for his\her work. You may also describe the important steps in his\he work.
√ Give your opinion about the person and his her skill.
（What do you think of his\her skill?Would you like to learn his\her ski11?）
海报描述方式：
√ To get aders' attention:
different colours
big letters
a good heading
a funny picture
√Words and entences:
short\key\easy
√ Main informanion:
place
time
date
activity

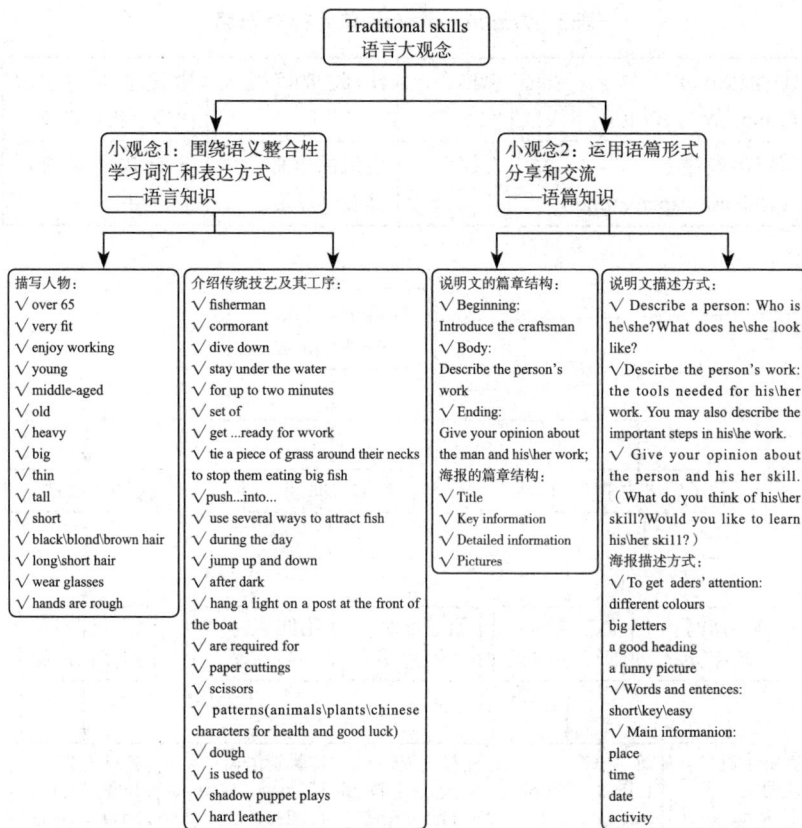

图2 *Traditional skills*单元语言大观念框架图

三、学情分析

表3 学情分析

整体特点	对于八年级学生的学习情况进行分析，需要从多个方面进行深入探讨。八年级是初中阶段的重要转折点，学生在知识储备、学习态度、学习方法等方面都面临着新的挑战。首先，从知识储备角度来看，八年级的学科内容相比七年级更为深入和复杂。学生需要掌握的学科知识更为广泛，比如学生对本单元的剪纸、中国结和皮影戏比较熟悉。相对而言，对鸬鹚捕鱼还是比较陌生。同时，学科知识的综合性也逐渐加强，对学生的思维能力提出了更高的要求，本单元不单要求学生

续 表

整体特点	了解传统技艺，还需要学生能够在理解的基础上，介绍手艺人和传统技艺的工序，甚至还需要表达自己的看法。其次，在学习态度方面，八年级学生的心态逐渐成熟，对学习的认识更加深刻。学生开始意识到学习的重要性，对自己的未来规划有了一定的思考。然而，部分学生也可能出现畏难情绪，对较难的学科内容产生抵触心理。因此，教师需要关注学生的心理变化，及时进行引导和鼓励。此外，学习方法也是影响学生学习效果的重要因素。八年级的学习内容逐渐增多，学生需要掌握的学习方法也更为多样
已知	在7B Unit1 *People around us*的单元学习过程中，已经掌握了介绍人物的基本框架和方法，能运用单元所学的词汇和语法知识，完成一篇介绍自己喜爱的人物和小短文
未知	由于单元主题的影响，文章中会出现一些比较陌生的词汇。此外，本单元中有关工序的英文表达较难理解，如鸬鹚捕鱼的过程。同时，本单元不仅要求学生掌握人物介绍的方法，还需结合一项传统技艺。这对学生的综合语言运用能力提出了更高的要求
能知	本单元帮助学生对中国传统技艺有进一步了解，包括其基本操作流程、所需工具及材料，以及制作过程中的关键点，培养学生的动手能力和创造力，使其能独立完成一件简单的传统技能作品；帮助学生从更多角度介绍人物；认识到传统技能的价值与意义，增强文化自信和民族自豪感

四、单元教学目标分析

（一）单元与课时教学目标

表4 单元与课时教学目标

主话题	传统技艺
主活动	活动主线1：了解"非遗"——了解鸬鹚捕鱼、剪纸、中国结和皮影戏 活动主线2：介绍"非遗"——介绍自己熟悉的手工艺人和及其技艺 活动主线3：保护"非遗"——树立保护祖国传统技艺的意识

单元教学目标	课时与语篇安排	分课时目标
1.语言能力：能通过上下文语境猜测词义和运用构词法，掌握核心单词和短语的含义；能通过进一步阅读，掌握主阅读篇章中有关鸬鹚捕鱼的过程；掌握动词的一般现在时、一般过去时和一般将来时的被动语态的构成和用法；能在具体的语境中正确使用被动语态。 2.学习能力：能掌握记叙文的写作特点，撰写一篇介绍自己熟悉的一位传统手工艺人及其手艺的短文。 3.思维品质：主动探究，善于发现语言的规律并运用规律举一反三；能提取、整理和概括各语篇的关键信息、主要内容；能发现介绍传统技艺的语篇结构特征。 4.文化意识：能初步用英语介绍祖国的传统技艺；对祖国优秀的传统文化有更深刻的理解，树立保护祖国传统技艺的意识	课时1 阅读课 教材语篇 说明文 Fishing with birds 补充语篇 多模态 The Art of Fishing With Birds	1.了解主阅读篇章的主旨大意和结构 2.能梳理鸬鹚捕鱼的过程 3. 能整理、归纳主阅读篇章中有关传统技艺的介绍的词汇和表达 4.了解中国的传统技艺，加深对祖国非物质文化遗产的理解
	课时2 听力&口语课 教材语篇 图文 Paper cutting 会话 Paper cutting 补充语篇 多模态汉语微课堂（Chinese papercutting）	1.熟练获取关键信息的能力。 2.掌握描述人物外貌特征的常用表达，准确描述人物的外貌特征 3.了解中国剪纸艺术，为写作做好铺垫 4. 能口头汇报会剪纸艺术的看法和认识
	课时3 语法课 教材语篇 记叙文 Damin and his birds 采访 a TV programme about Damin 感谢辞 The British director talked to Damin	1.掌握动词一般现在时、一般过去时和一般将来时的被动语态的构成和用法 2.能够在具体语境中正确使用被动语态

续 表

单元教学目标	课时与语篇安排	分课时目标
	课时4 写作课 教材语篇 说明文 A person with a traditional skill 说明文 Chinese knots	1.掌握记叙文的写作特点 2.掌握描述人物外貌和传统工序的方法 3.独立撰写一篇介绍自己熟悉的一位传统手工艺人及其手艺的短文
	课时5 阅读拓展课 教材语篇 报刊文章 Shadow puppet plays 海报 Study skills	1.能根据上下文语境猜测词义 2.了解补充阅读篇章中有关皮影戏的表演方式、未来前景等内容 3.了解海报、通告等宣传性应用文的基本特点和写作手法、并能为学校活动撰写一份海报
单元学习总目标	了解中国的传统技艺，掌握介绍手工艺人及其技艺的方法，树立保护祖国传统技艺的意识	

（二）Session 1 Traditional skills单元阅读教学活动设计

表5　Traditional skills单元阅读教学设计

教学目标	学习活动步骤与活动层次	设计意图	学习效果评价
1.通过多模态语篇（包括视频和图片）整体感知鸬鹚捕鱼这项传统技艺，在此过程中初步了解单元主题	Step 1 Lead-in 1.欣赏The Art of Fishing With Birds的视频。 2.观察教材P33的卡通图片，阅读Li和Lo的对话，并回答问题。 （感知与注意） （梳理与获取）	1.激活学生已知知识，激发学生对本单元主题的兴趣，导入单元主题	观察学生能否根据图片提示，准确表达捕鱼方式的相关词汇

续 表

教学目标	学习活动步骤与活动层次	设计意图	学习效果评价
		2. 通过视频和图片，引导学生整体感知鸬鹚捕鱼的传统技艺，并帮助学生思考主题相关的语言，通过回答问题，培养学生获取和梳理信息的能力	
2.恰当运用阅读策略获取关键信息，厘清主阅读篇章的脉络和大意	**Step 2 Pre-reading** 学生通过阅读标题、观察文章图片，预测语篇内容可能覆盖的信息点，并回答相关问题 Skim the article on page 35. Then match the paragraphs with their main ideas. Paragraph 1 _c_ a describes a kind of bird. Paragraph 2 _a_ b is about the future of fishing with birds. Paragraph 3 _d_ e describes a fisherman. Paragraph 4 _b_ d describes how the fisherman works. （学习理解、应用实践）	1.激发学生的好奇心和求知欲，激活学生与语篇之间的关联 2.引导学生通过观察图片和阅读标题来预测文本内容，把握本文特征，培养学生预测、扫读和略读的阅读策略	观察学生能否通过扫读、略读、找读的方式正确完成对应的任务，能否借助图片进一步理解文本

教学目标	学习活动步骤与活动层次	设计意图	学习效果评价
3. 通过进一步阅读，深入理解阅读篇章的内容，把握阅读篇章的细节信息	**Step 3 While-reading** 1. 学生阅读第一段，完成表格的信息 Listen to the tape and scan the first paragraph and complete the table. Wang Damin is a fisherman. Although he is over 65, he is very fit and still enjoys working. <table><tr><td colspan="2">About the man</td></tr><tr><td>Name</td><td></td></tr><tr><td>Job</td><td></td></tr><tr><td>Age</td><td></td></tr><tr><td>Health</td><td></td></tr></table> 2. 学生阅读第二段，完成关于鸬鹚的描述 3. 学生阅读第三段，根据提示词，复述鸬鹚捕鱼的流程 In the(1)____, Wang Damin sets off and (2)____ the cormorants ____ for work. ____, he(3)____ to ____ them from eating big fish. Then, when Wang Damin's boat(4)____, he ____ the cormorants ____ the river. Wang Damin uses several ways to ____ fish: ____, (5)____.After dark, (6)____.	1. 帮助学生把握文章的结构和细节，有逻辑地梳理篇章段落大意 2. 通过问题链，帮助学生获取、梳理和记录关键信息，促进其逻辑思维的发展	观察学生能否通过精读的阅读策略，正确完成学习任务

教学目标	学习活动步骤与活动层次	设计意图	学习效果评价
	The cormorants(7) _____ . Wang Damin(8) _____ the fish from their mouths. Finally, the fish(9) _____ a big basket. 4.学生阅读第四段，开展"头脑风暴"，分小组讨论并回答下列问题 Read the fourth paragraph silently and discuss the questions. Cormorant fishing was once practised in lots of places in South-East China, and there were many fishermen in the area. But today, few young people are interested in it. In 50 years, perhaps there will be no more cormorant fishermen in the world. 1.Where was cormorant fishing once practised? 2.Is cormorant fishing a traditional skill or craft? What is a traditional skill or craft? 3.What may happen to cormorant fishing in the future? Why? 4.What's the purpose of the article? （概括与整合） （描述与阐释） （内化与运用）		

教学目标	学习活动步骤与活动层次	设计意图	学习效果评价
4. 理解主题意义，了解作者的写作意图，树立保护中国传统技艺的意识	Step 4 Post-reading 学生以小组形式讨论：How can we protect cormorant fishing and other traditional skills? 然后每组派代表口头汇报讨论结果 （分析与判断） （批判与评价）	引导学生分析作者的写作意图，理解主题意义，评判传统技艺的传承将面临后继无人的局面，借此帮助学生进一步了解中国传统文化，加深对祖国文化的理解和热爱，促进其高阶思维的发展	关注学生思考和表达的积极性，并根据需要给出相应的指导和反馈

沪教版英语七年级下册
第五单元整体设计

深圳市龙岗区横岗六约学校　张卜凡

依据《义务教育英语课程标准（2022年版）》，义务教育英语
课程体现工具性和人文性的统一，具有基础性、实践性和综合性特
征。修改后的课程标准，强化了课程育人的导向。细化了着力培养
学生的核心素养，体现正确的价值观，必备品格和关键能力的培养
要求。教师要准确把握教、学、评在育人过程中的不同功能，树立
"教—学—评"的整体育人观念。"教"主要体现为基于核心素养
目标和内容载体而设计的教学目标和教学活动，决定育人方向和基
本方式，直接影响育人效果；"学"主要体现为基于教师指导的、
学生作为主体参与的系列语言实践活动，决定育人效果；"评"
主要发挥监督教与学过程和效果的作用，为促教、促学提供参考和
依据。

　　基于以上理论，笔者以上海教育出版社初中英语七年级下册

"Water"单元为例，从单元学习主题、单元内容分析、单元学习目标、学生学习活动、学习效果评价等几方面，尝试在对教材等教学资源进行深度解读的基础上，结合学生主体的需求，搭建起一个单元主体统领、内容互相关联，逻辑清晰的完整教学单元。

一、单元学习主题

以"Water"单元的内容为基础，设计"Save Water"的单元学习主题。属于新课标课程设计主题里"人与自然"的范畴。涉及"自然生态""环境污染及原因，环保意识和行为"。

二、单元内容分析

本单元是由一篇记叙文、两篇说明文、一篇采访对话三种不同类型的语篇组成。说明文一"Facts about water"（教材课文）介绍水的相关知识，让学生深入认识日常生活中不可缺少的资源——水，体会水的重要性。记叙文"Water talks"（教材课文）介绍了女孩Dora和小水滴对话后了解到水循环和节约用水的想象故事。说明文二"Water shortage"（课外资料）介绍了水资源短缺的现状，涉及自然原因和人为原因。采访（课外资料）为Sally与Frank的对话，Frank作为节水小能手，分享了自己节约用水的经验，并倡导大家一同节约水资源、保护水资源。

本单元的核心语言主要围绕水的浪费、污染、短缺现状和解决措施展开，涉及对环境问题的描述，如，说明文一书面语篇让学生"认识水"，记叙文故事和说明文二两个书面语篇以让学生"发现问题"的形式线索组织信息，访谈形式的口语语篇让学生了解人物

的事迹和如何"解决问题"。（单元主题内容教学结构图见图1）

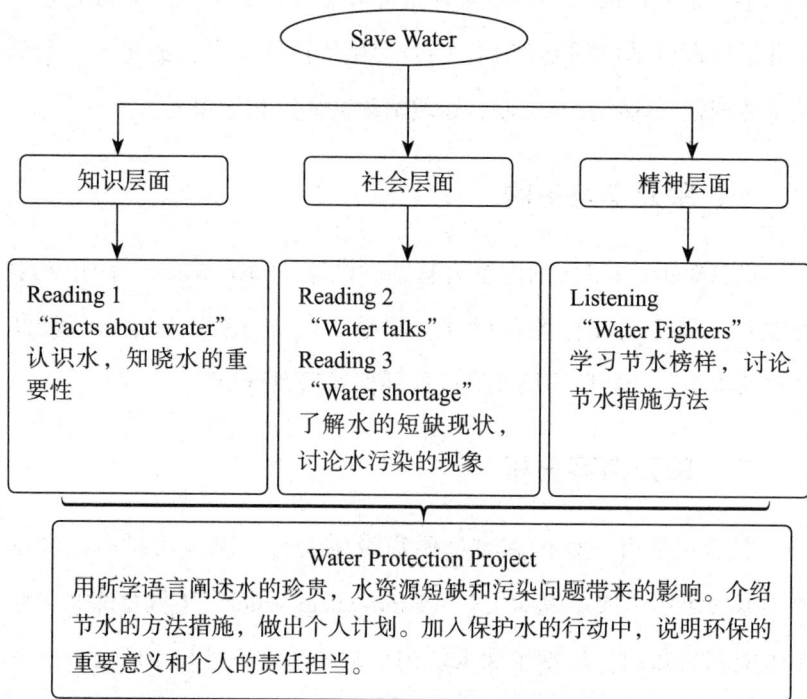

图1　Save Water 单元主题内容教学知识结构图

三、单元学习目标

根据上述单元内容分析，我们不难看出，整个单元要解决的"大概念"就是"节约水资源"。所有的目标和活动都围绕此展开。

表1　"Save Water"单元整体教学目标

单元教学目标（本单元学习后，学生能够：）	语篇及课时
可以谈论水的相关知识，认识水的重要性	1. Reading1：说明文—Facts about water（教材课文）（1课时）

续 表

单元教学目标（本单元学习后，学生能够：）	语篇及课时
总结水循环的流程图，通过知识结构图可以复述水循环过程。思辨Dora的行为，和小水滴"说话行为"在语篇中的目的，分享自己的看法	2.Reading2：记叙文Water talks（教材课文）（2课时）
调查社区居民用水情况，水资源浪费情况，河流污染情况。完成简要书面报告	3.Reading3：说明文二 Water shortage（课外资料）（1课时）
通过采访调查学校学生参加环保行动的情况，交流个人环保好的方法。针对"Save Water"这一主题进行演讲，列举说明自己对节约用水的认识	4.Listening：采访对话Water fighters（课外资料）（2课时）
小组合作设计保护水的项目，参加班级优秀环保项目评选	5.单元项目学习：Water Protechtion Project Design（2课时）
单元学习总目标：获取与水相关的知识表达，能阐述个人、社会水资源现状和相关现象，能表达对节约用水的个人看法和做法，树立环保意识	

四、单元学习评价

评价是深度学习的重要环节，不仅是对学生深度学习能力水平的评估，也是对其学习过程和结果的评价。（张浩等2014）

（一）课上学生外显行为评价（教师评价）

教师在课堂上根据学生参与的活动，通过观察来评判学生对所学内容的掌握情况、知识的运用情况、能力的迁移情况。（参看表3"效果评价"一栏）

（二）作业评价（教师评价）

教师对整单元不同环节的作业进行评价，在递进式教学后，掌握学生是否能根据所学知识完成好相关任务。引导学生在完成作业的过程中提升语言和思维能力，发挥学习潜能，促进自主学习。同时，教师还要对作业进行跟踪评价，关注学生成长进步过程。如在学完语篇3（说明文二"Water shortage"）后，学生应该比学完语篇1（说明文一"Facts about water"）掌握更多的对水资源和水污染的语言表达，教师需通过作业来评判他们的掌握程度。

（三）课后学生自评评价（学生评价）

教师还可以采用学生自评表（见表2），每节课或整个单元的。引导学生根据学习目标评价和反思自己的学习效果，为之后的学习提供参考。

表2 "Save Water"单元学习效果自我评价表

单元学习效果自我评价表 姓名： 班级：				
评价内容	Excellent（5分）	Good（4分）	Acceptable（3分）	Needs Improvement（2分）
我能用英语描述水的一些相关常识				
我能概括文章的知识结构图				
我能谈论自己对水资源短缺和水污染的认识				
我能通过小组合作或课外项目学习研究节约用水的方法				
我能树立环保意识，制订环保计划或活动				
通过反思，我能制订复习和改进的计划				

五、单元学习活动

表3 "Save Water" 单元整体教学主要学习活动

语篇	学生活动（主要）	设计意图	效果评价
1. Reading1：说明文—"Facts about water"（教材课文）	Quiz (水的一些常识知识问题) 阅读后回答问题： How much of the human body is water? How much of the Earth is water? Why is most of the water in the world not drinkable? Does it matter if water is always dripping from your tap? Why? If you are a drop of water, please talk about something about yourself. 学生先自述，然后在组内交流相关信息	激发学生对"Water"话题的好奇心和求知欲 追问式教学，通过递进式的问题帮助学生厘清问题实质 学生根据课文，梳理、概括、整合相关水的信息	观察学生回答问题的表现，根据其说出的具体信息了解其关于水知识的已知和未知 通过学生回答内容，评价其能否找到相关信息点，掌握其对语篇的理解程度 结合情景设定，通过学生再现自述，对学习知识进行应用。观察了解学生的应用整合、概括和应用能力，对其表现进行评价
2.Reading2：记叙文"Water talks"（教材课文）	在教师指导下，学生根据课文，画出水循环的流程图并口头复述 讨论小水滴说话的原因 小组活动。表演小水滴和Dora对话的场景。可设计对白或添加角色表演	引导学生对核心内容进行梳理和归纳。 学生通过分析原因，思辨以此情节描写故事的用意。引发思考 学生基于情境，迁移创造	观察学生是否可以按步骤总结流程，口头描述时是否注意运用表示时间先后循序的连接词。 观察班级讨论是否能明晰作者写作目的，语言表达是否流畅

续 表

语篇	学生活动（主要）	设计意图	效果评价
2.Reading2：记叙文"Water talks"（教材课文）			观察小组活动中，是否有分工与合作，如有人设计剧本，编撰台词；有人负责道具；有人负责表演等。合作讨论中是否有有别于课本的新内容的增加
3.Reading3：说明文二"Water shortage"（课外资料）	1.分类水资源短缺的原因 2.尝试探讨避免水资源短缺的方法	学生探究水资源短缺问题，了解课外知识辅助单元学习。提升学生归纳分析能力引导学生超越语篇，从更广泛的范围来讨论，思考	观察学生对学习材料中生词的猜测和内容的掌握程度。观察学生的归纳程度，教师根据情况给予适时的指导，反馈和评价观察学生能否运用其他阅读资料、文献、网络来探讨研究方法
4.Listening：采访对话"Water fighters"（课外资料）	1.学生根据给出的对话猜测谈话情景和人物关系。判断文章体裁 2.从对话中归纳Frank所说的节约用水的方法。学生先自己描述，然后组内交流。之后在全班介绍Frank的节水护水方法	让学生了解语篇情景，引起学生对语篇类型和特点的思考引导学生转述对话的核心内容，梳理和学习内化关键句型重点短语和环保思想	观察学生是否可以根据对谈话内容推断提出的问题。评价其利用情景线索推断对话内容的能力观察学生归纳信息是否全面，转述语言是否正确，把握学生内化所学内容和语言的情况

续 表

语篇	学生活动（主要）	设计意图	效果评价
4.Listening：采访对话"Water fighters"（课外资料）			观察学生交流后综合信息的能力。评价学生是否能通过演讲形式准确发表相关的语言表达，把握学生对环保话题知识的归纳迁移能力
5．单元项目学习：Water Protection Project Design（2课时）	通过小组合作，到小区、社区调查当地水资源情况和用水情况 设定保护水的方式、计划或活动展示形式	引导学生合作探究。联系实际生活 鼓励学生发散思维，利用思源，创新不同的展示形式	指导并观察他们在联系生活中的沟通能力，调查能力 评价他们的展示形式，鼓励多样性的项目学习展示

北师大版数学四年级上册
第一单元整体设计

深圳市龙岗区宝龙学校　毕波

一、单元整体规划

（一）单元设计的望远镜思维

本单元主要是认识小数和学习小数加减法计算及混合运算。结合学生已有经验进一步多角度、有层次地认识小数的意义。结合具体问题的解决，由具体到抽象，探索小数加减法的算法，理解小数加减法的算理，深化对小数意义的理解。小数和整数、分数一样，都是由计数单位累加而成。小数和整数的计数单位更是存在于统一的十进制关系下，可以说小数是在整数基础上对数的再一次扩充。所以"计数单位"应该成为学生学习小数知识、理解小数意义的重要载体。学生在学习本单元之前，主要是在学习和运用整数来思考和解决问题，学生已经经历了从整数的最小的计数单位"一"到很大的计数单位"万""亿"的学习，对于整数部分计数单位间"满十进一"的关系有充分的学习，并把其运用在数的组成、读、写以及计算中。在三年级学生通过一个单元已初步认识了小数和分数。在这个单元，学生借助元、角、分和米、分米、厘米这两类熟悉的具体的数量，从生活原型的角度理解小数。不论是元、角、分还是长度也都是十进制关系，帮助学生找到小数计数单位间的"满十进一"的感觉，更自然地实现认知上的类比和迁移，这也为学生进一步学习小数奠定了基础。

（二）单元设计的放大镜思维

本单元的学习内容，不仅包含小数的意义，还有小数基本性质、小数大小比较、小数的加减法等知识，而这些知识都可以依托计数单位来促成学生深度学习、深度理解。不论是规律的由来，还是计算的算理其本质都是建立在"计数单位"这个核心大概念的基础之上的。在这个过程中学生不仅能体会到小数的独特性，更重要的是能领悟到小数和整数、分数的共性，从而形成对数的整体性视角，培育学生良好的数感。

二、单元目标设计

（一）素养目标

进一步认识小数的意义，会进行十进分数与小数的互化，能比较小数的大小。结合小数的意义，经历探索小数加减法计算的过程，能正确进行小数加减运算及混合运算，并能结合具体情境对计算结果进行估计，积累数学活动经验，发展数感。能运用小数加减运算的知识解决生活中的实际问题，体会小数与日常生活的密切联系。主动参与认识小数的学习活动，学会与他人合作、交流，初步养成严谨仔细的计算习惯，增强学好数学的自信心。

（二）单元大概念

表1　单元大概念

单元大概念	具体单元目标
数的意义可以从计数单位的角度来表达	1.学生具备运用计数单位来学习、理解和表达小数意义的意识 2.学生将知道小数是在整数的基础上，对十进制下数的体系的扩充，理解小数与十进分数之间的关系，理解小数部分的数位与计数单位间的以及不同计数单位间的关系 3.学生能够做到自觉运用计数单位来分析小数的组成，能够用图形、文字、语言等不同表征方式准确表达小数意义，反之，能根据计数单位或数位正确读、写小数，比较小数的大小
小数加减法的算法背后的算理也与计数单位有着密切的联系	1.学生具备在习得算法的同时自觉思考算理的意识，并视其为非常必要的学习内容 2.学生将知道小数加减法计算的方法并理解算理 3.学生能够正确进行小数加减运算及混合运算，并能结合具体情境对计算结果进行估计，能运用小数加减运算的知识解决生活的实际问题

三、单元评价设计

（一）最终评价任务设计

小数在生活中可以说无处不在，尤其是在超市中，商品的标价用的就是小数。请运用本单元学习到的关于小数的知识，为自己设计一次超市购物活动，并自己提出相关的数学问题，最终通过"数学日记"的方式呈现你这一次的"超市购物之旅"。

（二）成果评价分析型量规设计

表2 成果评价分析型量规设计

水平	指标及权重		
	内容的真实性	问题的指向性	体验的全面性
水平3	整个体验活动是真实的，行动前明确计划，能在活动前设计好要做的事，提出与单元学习内容相关的问题。并在行动前有一些基本的预判	问题的提出和单元学习内容完全切合，能够充分考虑到单元中的不同知识点，指向性非常强，不节外生枝	不仅能够正确地解决活动过程中自己提出的问题，还能够从核心大概念"计数单位"的角度对问题解决的思路或者过程进行解释
水平2	整个体验活动是真实的，行动前会有一个初步的构想，但没有想得很清楚，问题的提出不是很具体，行动前准备不充分	问题的提出和单元学习内容是切合的，但不够全面。指向的可能仅仅是单元中的某一个或者几个知识	能正确地解决问题，但是只能呈现问题解决的过程与方法，无法（或没有）对其背后的道理做合理地解释
水平1	体验活动是不真实的，没有计划，问题也仅仅是根据学习内容提出的	问题的提出和单元学习内容不切合，运用的是单元外的知识或者根本就不是数学问题	没有问题解决的过程与方法，体验性的表达很少或者基本与单元学习内容无关

四、单元过程设计

创造性地用教材，对教材内容进行微调和重组，更加凸显单元整体构想。为学生设计接引性学习单。学习单从一位小数的认识入手，引导学生从理解0.1开始，借助面积模型，承接与分数的联系，在理解了0.1的意义之后，继续借助直观理解0.3的意义。接下来认识两位小数、三位小数的意义则依然沿袭刚才的学习路径，分别从0.01、0.001开始，先认识计数单位，再认识小数，让学生在学习之初，即清晰地建立起对于小数意义学习的基本路径，凸显计数单位在理解意义上的基础性和根本性。在这个过程中，学习单的设计在保持基本学习路径不变的情况下，充分体现从具体到抽象的学习过程，由扶到放，引领学生逐步实现对小数意义理解的自我认知、自我建构。应用的部分不要过早脱离理解的过程，重视通过练习帮助学生再次重温认识小数的过程，通过思辨性问题的设置引发学生进一步思考与讨论，触及意义思考问题，展开辩论、呈现思考的过程，从而评价学生对于小数意义理解的深度。反思的部分，为学生提出了一个关键性思辨问题：刚才我们是如何探索小数的意义的？启迪学生对刚才的学习过程再次做梳理，问题的设置直指单元核心大概念，并在这个梳理、反思的过程中，不仅仅是对知识的反思，也是对学习方法和思考路径的反思，帮助学生形成对数的意义理解的一般学习路径，为后续数的意义的学习积累有意义的学习经验。练习的设计要做到题型的多样化。有需要学生自己动手去涂画的操作性任务、也有探析学生认知水平的思辨性任务，不论是怎样的任务设计，都是帮助学生进一步感受从计数单位角度理解小数的意义，考查学生是否能准确地认识。

单元链一：小数的意义（重点学习大概念1）

建构1：以十进分数切入，借助"0.1、0.01、0.001……"（小数的计数单位）学习小数的意义。

表3　小数的意义建构1

接引	1.接：引导学生回顾运用"元、角、分"和长度来具体描述小数的现实意义 （1）3.21元表示（　）元（　）角（　）分 （2）3.21米表示（　）米（　）分米（　）厘米 （3）1元=10角。6角是1元的$\dfrac{（　）}{（　）}$，写成小数就是（　）元 （4）1米=（　）分米。6分米是1米$\dfrac{（　）}{（　）}$，写成小数就是（　）米 2.引：以0.6为例，引导学生尝试借助十进分数表达小数的意义 如果用一个正方形表示"1"，"0.6"该怎样表示呢？看一看，填一填。 把"1"平均分成10份， 其中的1份是$\dfrac{（1）}{（10）}$，　其中的6份是$\dfrac{（　）}{（　）}$， 也可以表示为（0.1）。　也可以表示为（　）。	接的部分体现了三年级初步认识小数的旧知的回顾，同时加入了用分数进行表达的练习，为学生借助分数理解小数的意义奠定基础 引的部分借助直观表征帮助学生感悟小数意义被抽象出来的过程。在感悟的过程中，有意识引导学生先发现0.1，即小数的计数单位，再表达0.6的意义，建立对单位的起源认知
深入	1.在完成了对0.6的意义的表达的基础上，沿用接引的探索路径，进一步抽象表达0.06（两位小数）、0.006（三位小数）的意义 2.提出思辨问题：还是用一个正方形表示"1"，0.06和0.006又该如何表示呢？ 3.小组合学 4.邀请小组代表开展全班群学	知识似乎是新的，但是思考的路径却是一样的。不论是一位小数，还是两位或是三位小数，都可以先找到计数的单位，接下来只需要数清楚单位的个数即可

续 表

$\dfrac{1}{100}$
0.01

$\dfrac{6}{100}$
0.06

把"1"平均分成100份，取其中的6份。

把"1"平均分成1000份，其中的1份是（$\dfrac{1}{1000}$），也可以表示为（0.001）。

其中的6份是（$\dfrac{6}{1000}$），也可以表示为（0.006）。

5.通过课本P2第2和第3个小绿点，进一步明晰小数意义的表达

6.完成课本P3的相关习题

建构2：将小数放入整体的数的体系中，补充"数位顺序表"，正式揭示小数的计数单位，进一步深化对小数意义的理解

表4 小数的意义建构2

接引	1.接 （1）回顾整数的计数单位。 （2）运用计数器表达位值。 千 百 十 个 位 位 位 位 6 6 个位上的"6"表示（ ）；十位上的"6"表示（ ）。 2.引 （1）拓展计数器，自然引出新计数单位。 千 百 十 个 位 位 位 位 6 6 6 6 6 表示6个$\dfrac{1}{10}$，也可以表示6个0.1。 表示6个$\dfrac{1}{100}$，也可以表示（ ）个（ ）。 表示6个$\dfrac{（ ）}{（ ）}$，也可以表示（ ）个（ ）。	整个学习过程从整数的计数单位的回顾开始，借助计数器将数的范围不断扩充，由整数部分向小数部分过渡，在这种承接式的学习过程中理解小数的意义

深入	1.提出思辨问题：小数的计数单位也是"满十进1"吗？ 2.引导学生借助直观图或者元角分等不同的角度求证问题 3.形成整体性认识 4.知识运用 （1）下面表示的不是2.35的是（ ） A. B. C. （2）4.02里面有多少个0.01，你是怎么想的？	通过不同的表征方式帮助学生理解小数部分计数单位间的关系与整数部分的相似之处

单元链二：小数的加减法（重点学习大概念2）

建构：借助"计数单位"，从整数加减法迁入，掌握小数加减法的计算方法并理解其计算的道理。（重点学习大概念2）

表5　小数的加减法建构1

接引	1.创设软尺的情境。 1.18米 剩下的一段有多长？ 0.76米	本节课将教材中原本两节课的内容合成一个课时，其目的在于帮助学生集中性处理小数加减法

接引	2.学生尝试计算：1.18 − 0.76= 3.呈现学生竖式计算的过程，初步发现整数加减法与小数加减法的相通之处	的不同情形。学生有了整数加减法的学习经验，
深入	1.提出思辨问题：小数加减法除了刚才的算的情况，还有哪些不同的新情况？ 2.小组合学：学生自主出题，发现小数加减法的不同情形 3.选取有代表性的学生出题（样本）进行重点计算与分析 4.讨论：为什么计算小数加减法时需要做到小数点对齐？ 5.认识：小数点对齐→相同数位对齐→相同计数单位对齐	有了前面对于小数单位的学习，这样的设计是可行有效的

说明：学习过程仅呈现了单元学习中核心课（3课时）设计。

中 篇

跨学段单元整体设计案例

人教版初中语文跨学段整体设计

深圳市龙岗区南湾街道沙塘布学校　王秀娟

一、整体分析

（一）课程标准分析

课程目标中，《义务教育语文课程标准（2022 年版）》在"阅读与鉴赏"中要求学生能用普通话正确、流利、有感情地进行朗读，在通读课文的基础上，理清思路，理解、分析主要内容，体味和推敲重要词句在语言环境中的意义和作用。有自己的情感体验，初步领悟作品的内涵，从中获得对自然、社会、人生的有益启示。能对作品中感人的情境和形象说出自己的体验，品味作品中富于表现力的语言。诵读古代诗词，能借助注释和工具书理解基本内容。注重积累、感悟和运用，提高自己的欣赏品位。

课程内容上看，本单元主要涉及新课标中"基础型学习任务群"中的"语言文字积累与梳理"和"发展型学习任务群"中的"文学阅读与创意表达"。"语言文字积累与梳理"要求教学中重视语言文字的积累、品味，并在日常读写活动中积极运用，提升自身的中华文化修养；"文学阅读与创意表达"则强调通过语文实践活动，感受、欣赏、品味文学语言和形象的独特魅力，获得审美体验，学习借鉴写作手法，抒发自己的情感。

学业质量方面，相关学业质量描述中将通过朗读来理解作品、多角度品味重点词语和富有表现力的语言、圈点批注方法呈现自己的理解、分析作品的表现手法、总结阅读经验和方法、分享自己的有益启示等均作为学生学业成就表现的考查点。

综上，课程目标、课程内容都要求，在学习古诗时，应关注诗词积累和诗词内涵，即通过鉴赏诗歌，鉴赏诗人的人物形象和诗歌的情感内涵。

（二）教材分析

登临诗，作为中国古典诗歌的重要题材类型，在现行语文教材中虽有所涉及，但并未得到系统的整合和编排。这些诗歌分散于不同单元，缺乏按照诗歌形式体裁、作者朝代、题材主题、作品风格等逻辑进行的特意编排。若教师仅依照教材的单元结构进行教学，将使得学生对登临诗的学习变得碎片化，难以形成完整的知识体系。这种教学方式不利于学生对登临诗鉴赏能力的培养，也难以让他们深入领略这一诗歌类型的独特魅力和深厚内涵。因此，对教材中的登临诗进行重新整合与梳理，按照更加系统和逻辑清晰的方式进行教学，显得尤为必要。因此，笔者根据《义务教育语文课程标准（2022年版）》的相关要求，对学情进行充分调研的情况下，结合学生的思维认知水平，重新整合教材中的登临诗大单元，构建较为完整的登临诗知识学习体系，以培养学生的语文核心素养。本大单元设计选择五首登临诗组成一个大单元展开设计与教学。其中包括七年级上册《观沧海》，七年级下册第五单元的《登幽州台歌》《望岳》《登飞来峰》和九年级上册的《咸阳城东楼》。

《尔雅·释诂》有云："登，升也"，意味着"攀上高处"；"临，视也"，则指"由上向下俯瞰"。自古，文人墨客即有登高抒怀的传统，登临诗便应运而生，它描绘的是诗人登上山巅、亭台楼阁等高处，触景生情，抒发内心感慨的诗篇。因此，本单元的教学核心在于指导学生如何细致地观察与描绘景物，同时探究如何精准而生动地表达情感，以此深入理解并鉴赏登临诗的魅力所在。

《登幽州台歌》《望岳》《登飞来峰》三首登临诗选自统编语文教材七年级下册第五单元，其单元导读指出："单元学习托物言志的手法；体会如何运用生动形象的语言写景状物，寄寓自己的情思，抒发对社会人生的感悟。建议运用比较的方法阅读，分析作品之间的相同或不同之处，以拓宽视野，加深理解。"可见，本单元的语文素养点是"比较阅读、托物言志"。因此，本单元在阅读方法指导上，教师应该引导学生通过比较阅读的方法，既了解登临诗的差别，又探寻登临诗的规律，并通过比较阅读，知人论世，理解诗歌的主题。

（三）学情分析

本节课的教学对象是七年级学生。通过对学生登临诗认知程度的调查发现，多数学生在古诗学习方面存在几个明显的不足。首先，他们往往缺乏对古诗中重点字词的深入解读和品析，这导致他们在理解诗句含义时感到困难。其次，学生对古诗所表达的情感缺乏细致的分析，难以把握诗歌的深层情感内涵。再次，学生在分析诗歌时，往往未能将诗歌、诗人以及时代背景进行关联思考，这使得他们难以全面解读诗歌的思想内涵。最后，尽管学生对登临诗的主要表现内容有一定的认识，如写景、抒情等，但对于一些隐藏较深、理解难度较大的情感内容，如"对现实生活的不满""对理想人格的追求"等，他们仍感到陌生和困惑。这些认识上的空白需要教师在教学过程中给予重点关注和引导。

二、素养目标

（1）反复诵读五首古诗，读准诗歌的节奏和韵律，能准确、流利地背诵并默写。

（2）找出诗人登临所望之景，体会作者所表达的情感，理解诗歌的丰富意蕴和内涵。

（3）通过品味五首古诗中丰富的意象，比较分析五首古诗诗歌意象特点的异同及各自的作用。

（4）通过比较阅读，分角度概括登临诗的异同。

（5）通过品味五首古诗，理解古人登高望远而生发的情怀、感慨以及登高的精神意义。

三、核心任务

策划"跨时空'登高'朋友圈"活动。围绕这一核心任务，精心设计了三个逐层递进的学习环节——"赏登临之景，筹备朋友圈动态""会登临之意，发布朋友圈动态""探登临之秘——朋友圈跨时空互评"。

四、过程设计

（一）第一课段：赏登临之景，筹备朋友圈动态

（1）核心任务

解读登临之地，描绘登临之景，初识登临之感受。

（2）课时安排

1课时

（3）教学过程

完成任务：

① 教师播放五首登临诗的名家朗读音频，学生反复诵读，把握节奏和停顿，教师相机进行朗读指导。

学习提示：朗读指导要注意重音、连停、语音、语调、语速的具体指导，以读出作者情感。

② 结合教师发放的登临诗学习清单，了解登临诗的概念以及五首登临诗的作者、朝代、体裁、背景。

表1 登临诗学习清单

登临诗			抒情主人登临某处（山、亭、楼、台、阁等）而生发某些情思的诗。		
	题目	朝代	作者	体裁	背景
七上	观沧海	东汉末年	曹操	四言乐府	乌桓是当时东北方的大患，建安十一年（206年），乌桓攻破幽州，俘虏了汉民十余万户。同年，袁绍的儿子袁尚和袁熙又勾结辽西乌桓首领蹋顿，屡次骚扰边境，以致曹操不得不在建安十二年（207年）毅然决定北上征伐乌桓。后来在田畴的指引下，小用计策。大约在这年八月的一次大战中，曹操终于取得了决定性的胜利。这次胜利巩固了曹操的后方，奠定了次年挥戈南下，以期实现统一中国的宏愿。而《观沧海》正是北征乌桓得胜回师经过碣石山时写的

138

续 表

登临诗					抒情主人登临某处（山、亭、楼、台、阁等）而生发某些情思的诗。
	题目	朝代	作者	体裁	背景
七下	登幽州台歌	唐	陈子昂	五言绝句	陈子昂是一个具有政治见识和政治才能的文人。他直言敢谏，对武后朝的不少弊政，常常提出批评意见，不为武则天采纳，并曾一度因"逆党"株连而下狱。他的政治抱负不能实现，反而受到打击，这使他心情非常苦闷。万岁通天元年（696年），契丹李尽忠、孙万荣等攻陷营州。武则天委派武攸宜率军征讨，陈子昂在武攸宜幕府担任参谋，随军出征。武攸宜为人轻率，少谋略。次年兵败，情况紧急，陈子昂请求遣万人作前驱以击敌，武不允。随后，陈子昂又向武进言，不听，反把他降为军曹。诗人接连受到挫折，眼看报国宏愿成为泡影，因此登上幽州台，慷慨悲吟，写下了《登幽州台歌》
七下	望岳	唐	杜甫	五言律诗	24岁的杜甫赴洛阳赶考落第而归，但他并没有因此消沉，而是游历山川美景。他途经泰山写下《望岳》，励自己不仅要登岳，还要登科，更要登上人生的顶峰
七下	登飞来峰	北宋	王安石	七言绝句	王安石初涉官场便任扬州签判，又升任鄞县知县，政绩显著。30岁的王安石正值壮年，有着远大的理想抱负。此诗可以看作王安石实行新法的前奏

续 表

登临诗					抒情主人登临某处（山、亭、楼、台、阁等）而生发某些情思的诗。
	题目	朝代	作者	体裁	背景
九上	咸阳城东楼	唐	许浑	七言律诗	此诗大约作于唐宣宗大中三年（849年）许浑任监察御史时。此时大唐王朝已经处于风雨飘摇之际，政治非常腐败，农民起义此起彼伏。一个秋天的傍晚，诗人登上咸阳古城楼观赏风景，即兴写下了这首诗

③ 研读五首登临诗，结合知识清单，理解诗意，找出诗中写景的诗句，赏析诗人登临所见之景色，填写登临诗赏景表，并分享阅读所得。

学习提示：学生重点关注"观""悠悠""钟""割""会当""千寻"等具有表现力的词语，通过指导朗读让学生感受登临之景所呈现出来的独特气象。

表2　登临诗赏景

登临诗	登临地点	所见之景	景物特点
观沧海	碣石山	海水、山岛、水、树木、百草、秋风、洪波、日月、星汉	沧海雄浑辽阔
登幽州台歌	幽州台	天地	天地苍茫辽阔，时间无穷无尽
望岳	泰山		
登飞来峰	千寻塔		
咸阳城东楼	咸阳古城楼		

④ 根据五首登临诗所写之景，四人小组经过深入讨论，确定了最适合的朋友圈动态发布形式及其主要内容，并阐明了选择理由。在此基础，完成"登临诗朋友圈动态表"：

示例：

表3　登临诗朋友圈动态

登临诗	登临地点	动态发布形式	主要内容	理由
观沧海	沧海的碣石山	一段视频	展示大海波涛汹涌、水天相接的壮观景象，配以海鸥翱翔、船帆点点的画面	本诗主要写作者登上碣石山顶，看到岛上生意盎然，大海水波浩渺，茫茫大海与天相接，空蒙浑融的雄奇壮丽景象
登幽州台歌	幽州台	一张照片：诗人苍茫天地下背影图。	图片展现幽州台的古老与沧桑	苍茫天地的背景可以体现诗中的苍茫辽阔、时间无尽的感受，而诗人的背影则是一种唯美、孤独又诗意的表达，给人以无限的遐想空间。
		一首背景音乐：《广陵散》	音乐为《广陵散》悲壮忧伤	《广陵散》曲意是讲"聂政刺韩傀"，描写战国时代铸剑工匠之子聂政为报杀父之仇，刺死韩傀，然后自杀的悲壮故事。整首曲子傲然决绝之下暗藏悲伤，可以和《登幽州台歌》搭配的
望岳	泰山			

续　表

登临诗	登临地点	动态发布形式	主要内容	理由
登飞来峰	千寻塔			
咸阳城东楼	咸阳古城楼			

（二）第二课段：会登临之意，发布朋友圈动态

（1）核心任务

探求诗人借登临所见之景抒发的情感，并在此基础上发布朋友圈文案。

（2）课时安排

1课时

（3）教学过程

完成任务：

① 根据学习资料中的创造背景的相关资料，深入理解诗人的生平、境遇及心境。

② 探求诗人借登临所见之景抒发的"登临意"。

③ 小组结合自己所选的登临诗，完成朋友圈文案设计表（表8）。

学习提示：语言风格上，采用散文式的语言，使文案既具文学性又易于理解。理由说明：在文案后附上如此写朋友圈文案的理由，解释其如何与诗歌情感相契合，增强读者的共鸣。

示例：

表4　朋友圈文案设计

登高诗	朋友圈文案	理由
观沧海	登临沧海，我不禁感叹大自然的壮丽与神秘。沧海之水，浩渺无边，吞噬一切。站在这里，我感受到了天地之间的无限宽广，也领悟到了人生中的起起伏伏。愿与诸君共赏这壮美的景色，珍惜当下，海纳百川	《观沧海》是曹操北征乌桓得胜回师经过碣石山时写的。北征乌桓的胜利巩固了曹操的后方，奠定了次年挥戈南下，以期实现统一中国的宏愿。作者东行登上高高的碣石山，来观赏宽阔浩荡的大海。周围树木葱茏，花草丰茂。萧瑟的风声传来，草木动摇，海中翻涌着巨大的海浪。景物的描写体现出了诗人内心的雄心壮志，积极无比，自信无比，感觉自己就是那丰茂的草和涌起的洪波，定会给历史留下浓墨重彩的功绩 作者将大海的气势和威力凸显在读者面前，在丰富的联想中表现出作者博大的胸怀、开阔的胸襟、宏大的抱负。暗含一种要像大海容纳万物一样把天下纳入自己掌中的胸襟
登幽州台歌	登上高台，看尽人间繁华与落寞，感受历史的沉淀与沧桑。壮志未酬，心怀天下，遥望四野，感慨万千。历史的车轮滚滚向前，在人生的高台上，我们都是孤独的守望者	《登幽州台歌》是一首描写人生感慨和历史沧桑的诗歌，诗人接连受到挫折，眼看报国宏愿成为泡影，因此登上幽州台，慷慨悲吟，写下了《登幽州台歌》。通过描绘幽州台的壮美景象，表达了作者对于人生的思考和感慨。在朋友圈中分享这首诗，可以让朋友们更好地理解这首诗的意境和思想，感受到作者的情感和心境，能够更好地引起人们的共鸣和思考
望岳		

续　表

登高诗	朋友圈文案	理由
登飞来峰		
咸阳城东楼		

④ 小组为单位，分享展示本组朋友圈动态的设计成果并说明设计理由。

学习提示：通过本环节，加深学生对诗歌的理解，提高学生的思维及表达能力。

（三）第三课段：探登临之秘——朋友圈跨时空互评

（1）核心任务

朋友圈文案互换，互相点评，提出困惑与问题，共同解答与讨论，深化对诗歌的理解和感悟。

（2）课时安排

1课时

（3）教学过程

学习任务：

小组间交换朋友圈文案，并对朋友圈进行点评。可以是对朋友圈设计的评价，也可以是对朋友圈内容提出困惑和不解。

示例：B组对A组《登幽州台歌》的点评：B组的朋友圈文案深情地诠释了《登幽州台歌》中陈子昂的孤独与苍凉。黄昏、幽州台、孤独与无奈，这些元素共同营造了一种深沉的氛围。表情包的选择也很到位，黄昏的景色与独自站立的形象相得益彰。我觉得文案在表达陈子昂情感的同时，也可以尝试引导读者思考这种孤独与无奈背后的深层含义，比如对人生、时光或历史的思考。

各学习小组共同回答自己朋友圈下的相关问题或评论，回答问题时应当符合相应的年代及身份等。

五、学习反思

结合语文教学的实际，形成登临诗学习反思表和朋友圈反思表，同学们根据自身具体情况进行反思总结。

表5　登临诗学习反思总结

反思要素	水平		
	优秀	良好	合格
知人论世	充分了解五位作者的经历，明晰诗歌的创作时代背景，并准确完整表述	基本了解五位作者的经历和诗歌的创作时代背景，并基本能表述完整	能了解两个以上作者的经历和诗歌的创作时代背景，并能大概表述完整
写景意象	能准确找出五首登临诗的意象并分析其特征	能准确找出三首登临诗的意象并分析其特征	能准确找出一首登临诗的意象并分析其特征
情感分析	能准确找到五首诗的"诗眼"，并准确分析作者情感	能准确找到三首以上诗歌的"诗眼"，并分析作者情感	能准确找到两首诗的"诗眼"，并基本理解作者情感
手法赏析	能够准确识别并赏析每首诗中的两种或以上写作手法。如：借景抒情、对比、动静结合、虚实结合、修辞运用等	能够准确识别并赏析每首诗中的一种写作手法。如：借景抒情、对比、动静结合、虚实结合、修辞运用等	能够准确识别并赏析五首诗中的其中两种写作手法。如：借景抒情、对比、动静结合、虚实结合、修辞运用等

表6 朋友圈反思

反思要素	水平		
	优秀	良好	合格
朋友圈筹备与发布	文案语言优美,如行云流水,与古诗主题和内容相得益彰,充满诗意。呈现方式有创意,动态吸引力强	文案语言较为流畅,有一定的散文风格,与古诗主题和内容相符,呈现方式较为普通,动态有一定吸引力	文案语言略显生硬,缺乏散文的流畅与诗意,与古诗主题和内容基本相符,呈现方式存在一些问题,动态吸引力一般
跨时空互评体验	积极参与互评,认真阅读他人评价,对古诗理解有显著提升	能够参与互评,从他人朋友圈获得一定启示,对古诗理解有较大改善	参与互评但不够积极,从他人朋友圈中获得的启示有限,对古诗理解有一定改善

岭南美术出版社初中美术跨学段整体设计

深圳市龙岗区横岗街道梧桐学校　刘丽

一、大单元教学背景

表1　大单元教学背景

单元课题	《笔情墨趣　夏日荷风》	学习对象	四、六、八年级	课业类型	造型表现
课标依据	《义务教育艺术课程标准（2022年版）》中第二学段（3—5年级）学业任务内容要求提出：在中国画学习中，尝试运用毛笔、宣纸等绘画工具和材料，体验笔法（中锋、侧锋）、墨法（焦、浓、重、淡、轻）的特点 《义务教育艺术课程标准（2022年版）》中第三学段（6—7年级）学业任务内容要求提出：学习中国画的白描或写意画法，创作花鸟画、山水画作品 《义务教育艺术课程标准（2022年版）》中第四学段（8—9年级）学业任务内容要求提出：了解中国画有关形似、神似的概念，以及三远法、勾勒、点厾、没骨等术语。学习中国画的工笔或写意技法，创作花鸟画、山水画、人物画作品 学生从四年级开始接触中国画技法，六年级能够运用笔墨技法进行创作，八年级在技法不断丰富的基础上逐步理解形神兼备的中国画概念。这是一种逐渐递进的螺旋上升关系				

课标依据	本单元强化学生对中华优秀传统文化的认知，注重艺术与自然、生活的关联，汲取中国画的造型与意境的审美教育元素，培养学生热爱大自然、热爱生活的健康情感，促进学生身心健康全面发展
单元目标	1.在观察、欣赏、比较中，感受中国花鸟画的笔墨情趣，提升对中国画荷花作品的赏鉴能力和文化再创造的意识和能力。（审美感知、文化理解） 2.掌握花鸟画题材的中国画在构图、用笔、用墨等方面的知识与技能，能用水墨、工笔、现代彩墨等技法创作荷花作品。（艺术表现、创意实践） 3.从外形到内在深入了解荷花的品格，感受荷花主题国画作品的意境并能用诗词表达，传承与创新中国传统文化。（文化理解）

	学生将会知道
关键知识	1.中国花鸟画鉴赏的基本方法 2.中国花鸟画的基本技法 3.中国花鸟画托物言志的艺术特点 4.艺术家的人生经历与诗词、国画作品之间的联系
关键技能	1.掌握中国花鸟画鉴赏的基本流程与方法 2.能运用基本的花鸟画技法创作作品 3.能用诗词表达荷花图的意境

学生将会理解
1.能用中国画的绘画工具、材料创造一幅作品；能理解荷花、荷叶造型结构；能初步掌握用笔、用墨、构图等基本技法
2.学习画家如何运用中国画的技法来表现大自然的生活和意境。能将传统绘画作品结合日常生活，设计出能传承弘扬中国传统文化的文创产品，提高综合探究与学习迁移的能力
3.能以跨学科学习方式，结合语文、历史学习经验，理解题画诗与作品意境之间的关系，感受中国花鸟画"写物—写心—写人生"的艺术特点

学生将会做到
1.能尝试运用笔墨技法来创作不同的荷花造型
2.在实际探索中，不断尝试运用不同技法创作出完整的中国画荷花作品；能传承与创新，设计出属于自己的文创产品；能加强对中国传统文化的理解，并运用到日常生活当中

续　表

学生将会做到		
3.能通过动手实践，表现荷花神韵；能尝试用不同工具临摹大师的作品；能从作品中了解中国画的基础笔墨技法以及中国画的相关知识		
4.能够准确描述真实荷花与写意荷花的不同之处，并知道荷花文化背景；产生对荷花品格的认同，以及对中国传统文化的热爱		
大概念	中国画花鸟画是文人墨客托物言志的艺术表达。	赏荷韵： 1.荷花美在哪里？ 2.你了解哪些描写荷花的诗词？ 3.你知道哪些荷花名画？ 4.你能用酸、甜、苦、辣、咸来感受这些荷花主题的作品吗？
基本问题	1.画家借荷花表达什么主题、情感和诗意？ 2.画法的运用与主题的表现有什么关系？ 3.题画诗能提升作品的意境吗？	小问题
		探荷技： 1.艺术家是如何用中国画工具材料表现荷花的？ 2.为什么有的作品工整细腻？有的作品豪放不羁？ 3.不同的画法完成的作品给人的感觉相同吗？ 绘荷趣： 1.表达不同诗词意境时，画面内容相同吗？ 2.表达不同诗词意境时，画法相同吗？ 3.创作"荷花诗意图"的步骤是什么样的？ 4.什么样的作品是美的？

学科领域	历史	语文	音乐	美术	社会实践	

总体教学思路：

荷花是中国花鸟画的重要题材，承载着中华民族灿烂的历史文化，是由我国历代画家不断表现的主题。以现有教材岭南美术出版社《美术》四、六、八年级教材中的国画内容进行拓展，从多维度引领学生通过不同艺术实践活动进行实践探索，构建深度学习课程内容，理解中国画深厚的传统文化底蕴，引导学生参与文化的传承和交流，培养民族自尊心和自信心，提升学生审美能力和创造性思维

续表

	教学评一致				
评价 要点	欣赏 25%	技法 15%	构思 20%	创作 25%	展示与 交流 15%
评价方案	具体 表现	欣赏：通过经典花鸟画欣赏，感受花鸟画的构图美、墨色美、意境美 技法：认识中国画的工具，用笔、用墨、用色的方法，荷叶、荷梗、荷花的画法。对水墨、工笔、现代彩墨等画法能够自主选择运用 构思：读诗词、看荷花景色，结合诗词进行选材与构图 创作：结合个人感受，创作出符合当下不同审美趣味的新的荷花图 展示与交流：能运用恰当的诗词表达作品的意境			
	课标 学业 质量 标准 依据	知道至少3位著名美术家及其代表作。（审美感知） 能根据教师提出的主题或自己的所见所闻、所感所想，创作2—3件富有创意的国画荷花作品，运用造型的手段表达美。（艺术表现、创意实践） 在参与综合探索活动中，能主动学习与探究；在交流、合作中，能尊重、理解他人的看法；产生传承与创新中国传统文化的情感。（文化理解）			

二、大单元学习计划

表2 大单元学习计划

主题一：赏荷韵		概念与术语：托物言志	
学习目标+ 问题设置	教师活动	学生活动	设计意图
通过介绍荷花的生长习性、造型特点	1.以深圳洪湖公园的荷花展视频为情境导入，提问：为什么大家都这么喜欢荷花？荷花有什么美好寓意？	1.说说自己对荷花的认识；细心观察，感受荷花的自然美	1.初步了解、感受国画的水墨情趣，激发学生学习中国画的兴趣

主题一：赏荷韵		概念与术语：托物言志	
学习目标+问题设置	教师活动	学生活动	设计意图
以及人格精神的寓意，使学生了解中国画托物言志的艺术表现形式，同时引导学生体会荷花作品中的韵味，感受画家所寄托的人格精神 1.荷花美在哪里？ 2.你了解哪些描写荷花的诗词？ 3.你知道哪些荷花名画？ 4.你能用酸、甜、苦、辣、咸来感受这些荷花主题的作品吗？	2.用杨万里的诗"接天莲叶无穷碧，映日荷花别样红"引导学生学习有关描述荷花的诗词 3.向学生展示不同时期画家的墨荷名作：《出水芙蓉图》《荷花水禽图》《粗枝大叶图》 这三幅画的风格相同吗？画画的风格与作者的性格有没有关系？我们先来玩一个小组抢答的小游戏，听故事，猜作者 南宋吴炳《出水芙蓉图》团扇绢本设色23.8×25.1cm 北京故宫博物院藏 清代画家朱耷《荷石水鸟图》，纸本墨笔画，北京故宫博物院藏	2.小组交流，共同探讨荷花有哪些诗词美？ 3.对比欣赏，荷花有哪些艺术美？思考作品的风格与艺术家的人生经历有什么关系？ 4.听故事，猜作者。调动身体的感官，用味觉等联觉来感受、理解作品的意境	2.认识荷花的"出淤泥而不染"的寓意，了解荷花的造型结构 3.了解描述荷花的美好诗词，跟语文学科进行融合，为后期创作积累诗词素材 4.通过欣赏不同时期大师的荷花作品，了解荷花的艺术美 5.运用对比欣赏的方法，让学生轻松理解作品的意境与作者人生经历的关系

主题一：赏荷韵		概念与术语：托物言志	
学习目标+ 问题设置	教师活动	学生活动	设计意图
	通过对比欣赏，引导学生用酸、甜、苦、辣、咸来感受这些荷花主题的作品，让学生逐渐理解作品的风格与作者的性格有关系，也就是作品的意境与作者的心境之间的关系。 4.小结 教师引导学生总结归纳方法：画法、构图、墨色的运用都是为了表达意境，表达作者内心的感受。题画诗与荷花图的意境相得益彰，画家就是借用荷花图来表达自己的人格与心境		
主题二：探荷技		概念与术语：工笔、水墨、彩墨	
学习目标+ 问题设置	教师活动	学生活动	设计意图
通过深入研习画家名作，了解水墨画的笔法、墨法以及构图，体验中国画的笔墨、色彩变化，感受笔墨色	一、探究工具材料 教师给每个小组提供狼毫、羊毫、勾线笔等不同的毛笔，绢、生宣、熟宣、半生熟宣等不同的宣纸，墨汁、墨条、砚台、水、颜料等不同的墨色，让学生试一试，选一选 教师根据学生出现的问题做引导：生宣具有渗透性，一般适合画写意画；熟宣、熟绢没有渗透性，一般适合画	1.认真欣赏画家作品，思考问题，进行小组研讨。让学生试一试，选一选，挑选出本组最喜欢的作画工具，并进行汇报 2.思考问题：对应上节课的内容，《出水芙	1.通过研究画家作品，学习中国画的表现手法 2.通过教师示范和自主练习，直观认识中国画的用笔、用墨精髓

续 表

主题二：探荷技		概念与术语：工笔、水墨、彩墨	
学习目标+问题设置	教师活动	学生活动	设计意图
彩变化所带来的乐趣，丰富学生的表现能力，激发学生绘画创作热情。 1.艺术家是如何用中国画工具材料表现荷花的？ 2.为什么有的作品工整细腻？有的作品豪放不羁？ 3.不同的画法完成的作品给人的感觉相同吗？	工笔画；半生熟的宣纸介于两者之间，适合画小写意或者彩墨画 对应上节课的内容，《出水芙蓉图》《荷石水禽图》《粗枝大叶图》分别用的什么画纸？什么画笔？什么墨色？ 二、探究画法 1.根据学生挑选的工具材料将学生分为三组，分别探究三种不同的画法：工笔画法、写意画法、彩墨画法。探究结束后，进行汇报 2.教师示范，要求学生一边看一边思考：用笔、用墨、用色、用水的规律是什么？ 3.教师根据学生出现的问题做引导 三、学画古代经典荷花图 1.教师准备好了一组画家作品，包括朱耷、石涛、李鱓、恽寿平等画家的荷花图作品，让学生挑选自己喜欢的一幅或者一个局部进行临摹 2.学生临摹后分享画法和感受	蓉图》《荷石水禽图》、《粗枝大叶图》分别用的什么画纸？什么画笔？什么墨色？学生进一步挑选工具材料 3.分别探究三种不同的画法：工笔画法、写意画法、彩墨画法。探究结束后，进行汇报 4.学生通过观看后，说一说用笔、用墨、用色、用水的规律是什么？进行墨色变化和笔法练习	3.三种画法、三种材料的对比，让学生了解材料的重要性，能够主观选择适合的工具材料、绘画技法进行临摹

续 表

主题三：绘荷趣		概念与术语：诗配画	
学习目标+ 问题设置	教师活动	学生活动	设计意图
选择工笔、写意、彩墨等画法，结合诗词意境，创作一幅"荷花图" 1.表达不同诗词意境时，画法相同吗？ 2.创作"荷花诗意图"的步骤是什么样的？ 3.什么样的作品是美的？	一、诗意初感受 我画你猜：教师出示一幅未完成的荷花图，由两名学生分别根据一句诗，添画一种物体 教师范画（局部） 诗句一：小荷才露尖尖角（添画荷花） 诗句二：鱼戏莲叶间（添画鱼） 其他学生边看边猜诗句内容 教师总结：主题不同，内容不同 二、诗意再对比 作品对比：《朝日艳芙蕖》《残花犹欲语》 一幅作品枝叶挺拔，感觉充满青春朝气，另一幅作品荷叶下垂枯黄，感觉垂垂老矣 教师总结：主题不同，画法不同 三、诗意再创作 诗句对比："接天莲叶，形	1.看同学添画"荷花图"，猜一下画的是哪一句诗？ 2.读两句不同的诗，看相应的国画作品，对比主题意境不同时，画法的不同 3.根据诗词进行创作。首先，立意（选择主题），接着绘画（选择画法），最后题款，写上题画诗 4.观看与评价。挑选喜欢的作品，进行鉴赏与评价 5.体会残荷之美，理解人生百味，各有其美	1.美术与语文学科融合，加深学生对于美的理解与感受 2.设置悬念，技法学习兴趣，添画游戏解决"主题不同，内容不同。"的关键要点 3.对比欣赏，感受"主题不同，画法不同" 4.围绕诗意进行有意识的创作，体验像艺术家一样创作的过程 5.通过残荷之美，引导学生感悟中国花鸟画"写物—写心—写人生"的特点

续 表

主题三：绘荷趣		概念与术语：诗配画	
学习目标+问题设置	教师活动	学生活动	设计意图
	线曲折""有荷有荷，始才梦觉"，学生选择诗句进行创作 四、展示与评价 1.观看、挑选作品。教师引导学生想象，画毡幻化为荷塘，作品就是荷塘中盛开的荷花。学生走动挑选自己最喜欢的作品 2.介绍作品：读题款、说主题 3.作品的味道是什么样的？（酸、甜、苦、辣、咸） 五、拓展延伸 残荷美吗？ 美有很多种，圆满是美，残缺也是美；华丽是美，质朴也是美。美不只是外表，更是内在的精神体现		

三、学习评价量规

表3　学习评价量规

评价要点	评价等级		
	A	B	C
课前准备	能够很好地了解荷花的基本知识和寓意，知道一首荷花的诗词，一幅荷花国画作品	知道荷花的基本知识和寓意，知道一首荷花的诗词	知道荷花的基本知识

评价要点	评价等级		
	A	B	C
学习态度	认真、主动地学习本单元知识，享受学习过程	认真但不够主动地学习本单元知识	敷衍、不认真
小组合作	团结合作，互相帮助，能与同学交流自己的心得体会，并善于听取他人意见	个人按分工自己完成任务，很少与同学交流自己的心得体会	个人按分工自己完成任务，不与同学交流自己的心得体会
学业水平	1.构图内容丰富完整 2.能自由选择工笔、写意、彩墨等画法表达主题 3.画面具有诗词意境，情感积极而乐观	1.构图能表现自己的想法，但须再加强画面配置的关系 2.能表现主题，但笔墨运用生涩	1.画面构图凌乱。 2.笔墨方法运用不当
自评	能对自己的作品有很好的陈述，评价得当	能对自己的作品做出一般性评述	不能表达对自己作品的评述
互评	能对他人的作品有很好的陈述，评价得当	能对他人的作品做出一般性评述	不能很好地表达对他人作品的评述
师评	对老师的评价能有很好地理解	能基本理解老师的评价	不能很好地了解老师的评价

人教版初中生物跨学段整体设计

深圳市龙岗区南湾街道沙湾中学　陈卓纯

在2022年版本的课程标准里明确指出教学过程重实践，要在教学过程中"高度关注学生学习过程中的实践经历，强调学生的学习过程是主动参与的过程，选择恰当的真实情境，设计学习任务，让学生积极参与动手和动脑的活动。通过实验、探究类学习活动或跨学科实践活动，使学生加深对生物学概念的理解，提升应用知识的能力，激发探究生命奥秘的兴趣，进而能用科学的观点、知识、思路和方法探讨或解决现实生活中的某些问题，从而引领教与学方式的变革"。这与深度学习的真实学习，强调学习者的主动参与观点一致，为了达成深度学习，笔者在教学中尝试基于深度学习的单元教学设计。

单元设计流程如下：

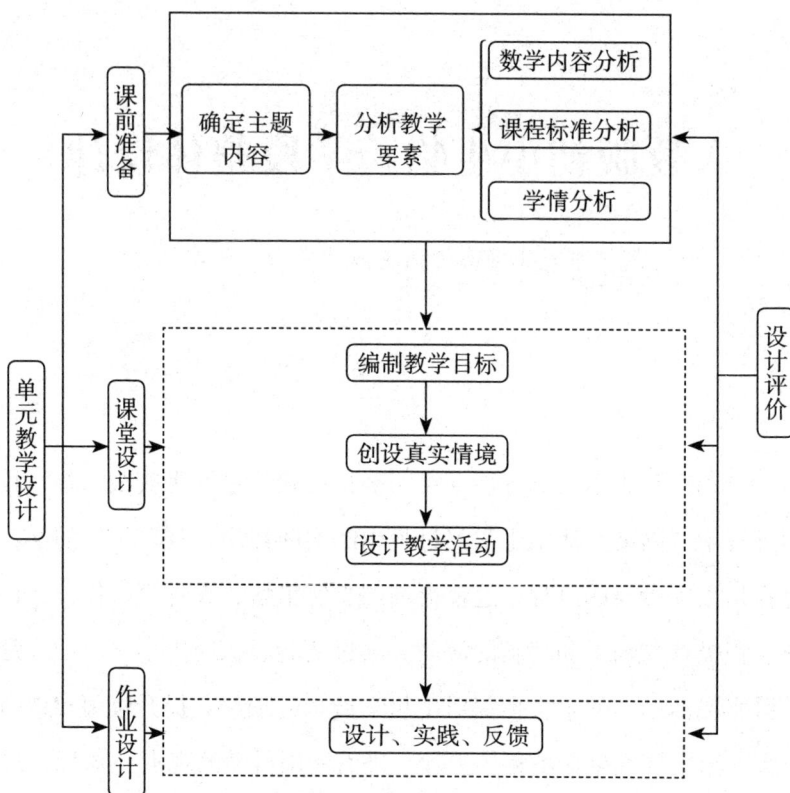

图1 以"生物圈中的绿色植物"单元教学设计流程图

选取人教版生物七年级下册第三单元的第一章和八年级上册第六单元的第一章内容为例进行单元设计过程诠释。

一、深度分析，确定单元主题

（一）主题名称

让绿色植物盛放于集市

（二）内容分析

有关植物种类的内容出现在人教版生物七年级上册第三单元第一章，让学生了解生物圈中的绿色植物，它们的主要特征、生活环境、与人类之间的关系，整体来说，学生参与度、体验感不高，不利于促进深度学习。

基于上述分析，确定了以绿色植物为主的主题，结合所在地区的社会热点，对地摊、集市的尝试开放，恰逢一年一度的花市正在筹备中，为此创设情境为花市摊位设计微景观，具科学性、美观性、营利性等跨学科项目式学习，让学生大致有营销的思路，增加谋生能力，锻炼综合能力。整个单元计划用3个课时来完成学习，这样有利于整体发展学生的变化概念、证据推理、科学探究等方面的素养，具有一定引领性。

表1 以"生物圈中的绿色植物"单元教学课时安排表

课时	涵盖内容
课时1 了解植物（1）	了解植物的特征、分类、进化等
课时2 了解植物（2）	了解植物的资源、与人类关系等，并确定实践方案
课时3 实践活动分享	进行花市摊位制作景观并制订营销计划实践活动

（三）课标分析

通过分析2022年版的初中生物课程标准，结合学生认知规律以及教学流畅性，调整了部分章节内容，把第六单元有关植物的资源和植物的分类调整到了解生物圈中绿色植物后面，整合成以一个新的教学单元，形成结构与功能相适应的基本的生物学观点，同时这部分又贯穿了绿色对生物圈环境的依存、适应和影响的生物学观点。

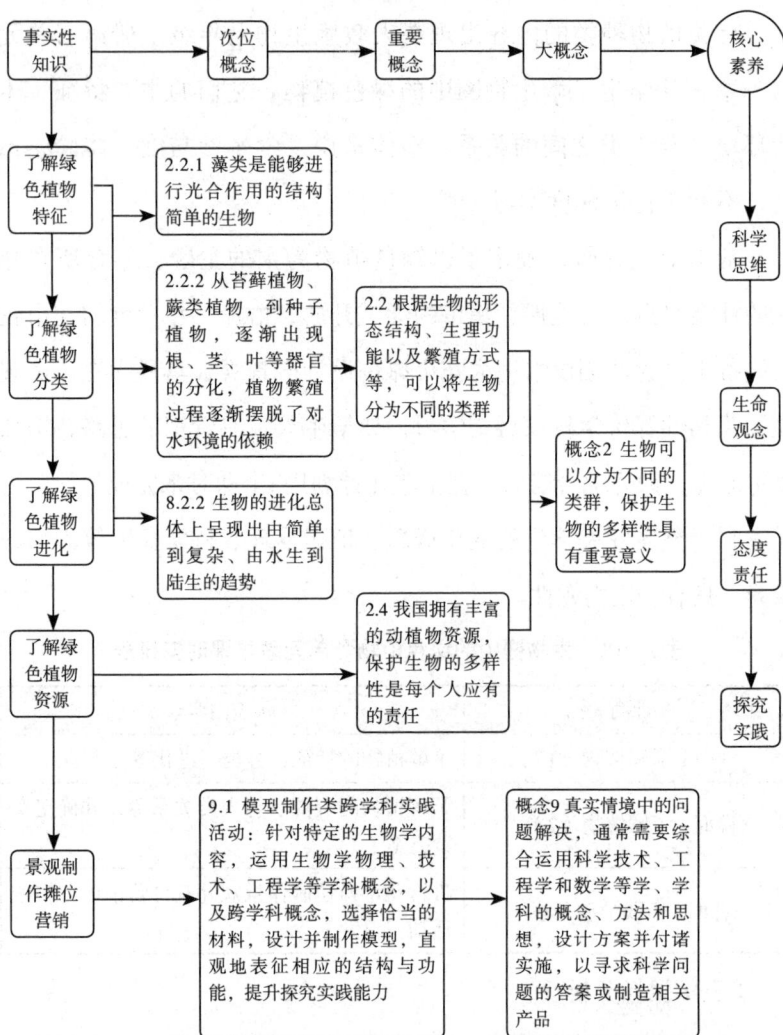

图2　以"生物圈中的绿色植物"单元教学相关大概念建构图示

（四）学情分析

第一，学生对知识的认识，学生对生态系统、细胞结构和植物体的结构层次，为了铺垫后面知识，对于植物体的输导组织做了相关实验，学生有了一定的认识，但学生对于结构与功能相适应、生物适应环境的理解还不够透彻；第二，学生综合能力的培养，七年级学生的学生刚踏进初中，对实践活动设计、执行、形成结果的能力有待加强，而且跨学科项目式学习涉及面广，需要教师引导，在方案设计时做一定铺垫。

二、联系课标，确定单元目标

在本单元中，学生对比每一类植物共同与不同的特征，分析植物结构和功能相适应的问题，还要得到综合实践能力了的锻炼，包含以下目标：

（1）针对生命观念，我们着重体现的是结构和功能的相适应，以及生物与环境之间的关系，通过观察植物、观看视频等活动学生能准确说出不同类植物的主要特征，并能进行初步判断某种植物的类别。

（2）针对科学思维，主要体现的是学生通过不同活动能进行不同类植物之间特征的对比进行归纳总结，能够深入分析不同类植物进化顺序等。

（3）针对探究实践，主要体现在能够在所创设的情境中动手实验、制作微景观，运用知识解决实际问题。

（4）针对态度责任，主要体现在小组合作以及他们最后的展示的效果，而且在这整个学习过程当中，促发学生留意绿色植物，形成保护生物多样性的意识。

| 第1课时:
1.通过植物观察、视频观看等,梳理掌握各类植物的主要特征。
2.通过梳理植物形态结构,尝试进行分类。
3.通过问题分析,总结植物类群的进化顺序。 | → | 第2课时:
1.通过案例分析,掌握初步判断植物分类的技能以及应用。
2.通过视频观看、资料整理等,了解中国珍稀植物资源、常见植物以及家乡植物资源。
3.小组分工合作,讨论整理实践方案。 | → | 第3课时:
各组展示本组"让绿色植物走进花市"实践成果以及方案介绍。 |

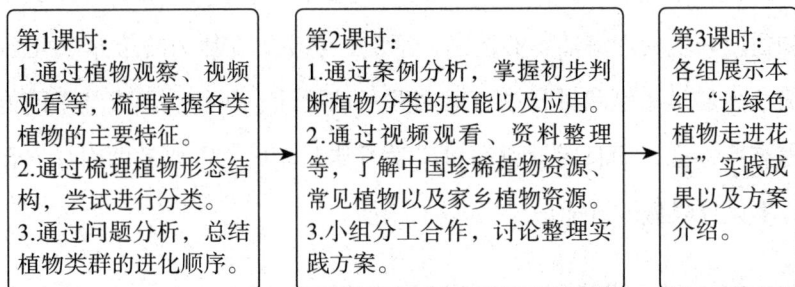

图3 以"生物圈中的绿色植物"单元各课时目标

三、贯穿全程,制定多元评价

评价应该以学生发展为中心,指向学生素养,基于深度学习,是多样性的、过程性的、激励性的评价。该单元教学的持续性评价的设计如下:

表2 以"生物圈中的绿色植物"持续性评价表

序号	评价目标	评价任务	评价标准	评价方式
1	区别不同类植物的形态结构,并进行初步分类	小组分工,观察植物,辨别部位,绘制表格,上台展示,表述准确	1.形态结构部分混淆、不能准确进行分类 2.确定形态结构区别,能准确进行分类,梳理进化顺序	学案、表现生生互评
2	分析进化顺序,建立结构和功能相适应的观念	观察学生答题,是否有生物观念意识	1.无法分析进化顺序,不能将结构和功能对应上 2.能大致进行分析进化顺序,认识到结构和功能相对应 3.准确进行进化顺序分析,能够分析总结结构与功能相适应的特点,并进行应用	学案、课堂观察

序号	评价目标	评价任务	评价标准	评价方式
3	了解植物的相关资源，以及举例与人类的关系	完成多样化作业，并进行展示	1. 不关注绿色植物，仅能说出常用的例子 2. 对植物认识不广泛，能准确说出课本提供的例子。 3. 较了解植物的资源，能开拓植物与人类关系的事例并进行分析	思维导图、作业完成
4	通过情境任务为花市摊位设计景观和营销方案的跨学科项目式实践锻炼综合能力	小组分工，制定方案，进行实践	1. 小组分工不明确，方案完成度不高 2. 小组各司其职，方案完成度高	实践方案、小组分享

持续性评价贯穿整个单元教学，有教师对学生不同活动表现的评价，不仅是成绩的评价，还有合作、表述、思维等方面的多元评价，还设置了生生任务评价表，比如，在本单元教学实践活动中设置观察者，观察者引导组员讨论进行分工，观察组员表现，本任务考查要点为参与度与完成度，并在对应方框内填写字母，A等级为优秀，B为良好，C为一般，D为有待改进，表格设置如下：

表3　以"生物圈中的绿色植物"教学任务小组评价表

组别	观察者	养护说明书	应景诗句	盈利方案	景观制作	分享交流
组员						
参与度（ABCD）						
完成度（ABCD）						

四、任务拆解，设计单元活动

设计学习活动要在做好前面三项充分的分析、研讨，从活动准备、展开、总结、拓展去组织具有评价性的任务或者活动，要体现深度学习的要求，同时要体现目标导向，体现学科核心素养，以及对学生自主学习和信息素养的培养。设计学习活动还要进行预设，在此活动中学生可能的表现、出现的状况，以及做出相应的预案，做到能够及时调整。

本单元主要教学活动设计如下：

（一）课时1：了解植物的特征、分类方法以及进化顺序

引入：播放去年本市花市相关视频，引起学生真正意识到花市里绿色植物的重要地位，产生学以致用的意识，也为本单元创设情境，并提出相关任务要求。

问题1：展示的植物都具备六大器官吗？展示的植物能否推测其生活环境？

学生观察植物，阅读课本，进行识图辨认，完成表格填写，梳理特征区别，推测生活环境。

问题2：依据不同形态结构，能否对植物进行分类？还有什么方法知道植物所属类别？

让学生进行小组讨论，完成植物分类结构图，以及集思广益获取植物分类的方法，如软件、微信扫一扫等。

问题3：不同类植物如何从环境中获取营养？如何确定不同类进化的顺序？

教师引导学生结合放大的结构图片，进行深入分析，回答问题，加深理解，促进学生高阶思维。

拓展作业：了解家乡代表植物，做宣传海报

（二）课时2：了解植物的资源、与人类关系等，并确定实践方案

引入：播放《影响世界的中国植物》纪录片开头，开阔学生眼界，引起学生对纪录片的兴趣，引起学生对中国植物资源的关注和自豪。

问题1：中国植物资源有哪些珍稀植物？有哪些常见植物？

小组合作完成植物资源的思维导图，分成珍稀植物和常见植物两部分，名字加至少一点关键信息，限时5分钟。

问题2：你的家乡代表植物是什么？

促进学生联系生活，关注家乡，展示部分学生作业。

问题3：如此丰富的植物资源，与人类关系如何？

引导学生观看视频，梳理植物与人类的关系，重点理解制氧、空气监测等作用。

问题4：学习了植物的相关知识，如何为你之所用呢？

终极任务：跨学科项目式学习任务：大花市、小景观——让绿色植物盛放于花市通过小组分工合作，完成前期对意向人员的喜好调查，各类物品的价格咨询，确定营利性的报价，制作具有搭配古诗意境以及一定观赏性的景观，制作具有科学性的养护说明书，以及"赚多多"的锦囊妙计，确定整个实践方案。

拓展作业：制作微景观，完成各自任务，及实践方案。

（三）课时3：展示实践方案

每个小组有一次3分钟的展示微景观并解读方案的机会，每个小组同时作为投资方听取其他小组的汇报，手里有10万资金进行给除

了自己小组以外的小组集中或分散投资，最后获得资金最多的小组
获得优秀。

五、梳理策略，优化单元设计

基于深度学习的初中生物学单元教学设计，在课中实施单元教
学要注意是否促进学生的深度学习，对于知识的学习是否在真实情
境中，是否促进学生真实体验主动学习，是否迁移应用以及创新，
是否促进核心素养的培养。根据真实学习情景，学生课堂表现、检测
结果分析，进行教学反思梳理策略，如创设情境提升综合性，问题
成串促进深度性，探究活动深化实践性，多元评价增强有效性等。

大单元教学促进深度学习，而深度学习是促进核心素养从理论
走向实际的重要途径，初中生物学教师应该积极探索。

北师大版小学数学跨学段整体设计

深圳市龙岗区龙城高级中学（教育集团）宝龙外国语学校　方婷婷

一、单元说明

本单元是北师大版小学数学五年级上册的一个重要内容，结合建筑、劳动教育的跨学科理念，主要学习多边形的面积计算以及如何将这些知识应用于简单的建筑设计和劳动实践中。本单元旨在通过跨学科的学习方式，让学生将数学知识与现实生活相联系，培养学生的实践能力和创新精神。

二、素养目标

（一）数学基础知识与技能

（1）掌握平行四边形、三角形、梯形等多边形面积的计算公式。

（2）能够正确计算多边形的面积，并理解其在建筑设计中的应用。

（二）跨学科素养

（1）了解建筑设计中面积计算的重要性，培养对建筑设计的兴趣。

（2）体验劳动过程，培养劳动技能和劳动习惯。

（三）数学思维与问题解决

能够运用所学知识解决建筑设计中的实际问题，发展逻辑思维和空间想象能力。

（四）数学情感与态度

激发学生对数学学习的兴趣，培养跨学科学习的意识，提高自主学习能力。

三、大概念

本单元的大概念是"多边形的面积计算是建筑设计的基础，通过劳动实践能够深化对面积计算的理解和应用"。

四、大任务

设计一个大任务，让学生在建筑设计和劳动实践中深入理解多边形面积的计算方法。大任务如下：

"校园小花坛设计与实践"：学校计划建设几个小花坛，学生需要分组进行花坛的设计，计算所需材料的面积，并参与花坛建设的劳动实践。

五、评价量规

（1）知识掌握：准确计算多边形面积，理解面积计算在建筑设计中的应用。

（2）跨学科应用：能够将数学知识与建筑设计相结合，提出合理的设计方案。

（3）劳动技能：能够参与花坛建设的劳动实践，掌握基本的劳动技能。

（4）团队合作与沟通：在小组活动中积极参与，与团队成员有效沟通，共同完成任务。

六、学习过程设计

（一）导入新课，激发兴趣

（1）生活情境导入：展示学校或社区中美丽的花坛图片，引发学生对花坛设计的兴趣。

（2）提问引导：询问学生是否想过设计自己的花坛，并探讨花坛设计与多边形面积计算的关系。

（二）知识铺垫，奠定基础

（1）复习旧知：回顾平行四边形、三角形、梯形等多边形面积的计算公式，确保学生掌握基本概念。

（2）引入新知：通过案例或问题，引出多边形面积计算在花坛设计中的应用，为后续学习做好铺垫。

（三）深入学习，掌握技能

1. 多边形面积计算

（1）深入讲解多边形面积的计算方法，通过例题和练习题巩固学生的计算能力。

（2）引导学生探索不同多边形面积计算公式的推导过程，培养逻辑思维和探究能力。

2. 花坛设计实践

（1）组织学生开展花坛设计活动，鼓励学生发挥创意，设计具有个性和实用性的花坛。

（2）教师提供指导和建议，帮助学生完善设计方案，并计算所需材料的面积。

（四）跨学科学习，拓宽视野

建筑设计讲座：邀请建筑设计专家或老师举行讲座，介绍建筑设计的基本理念、流程和注意事项。

通过讲座内容，引导学生理解建筑设计与数学之间的联系，拓宽视野和思维。

（五）劳动教育部分详细设计

1. 理论学习与技能培训

（1）开设专门的劳动教育课程，系统介绍花坛建设的基本流程和所需技能，如测量、挖掘、铺设等。

（2）通过视频、图示和现场演示等多种方式，让学生直观了解花坛建设的每一个步骤和注意事项。

2. 实践操作与亲身体验

（1）组织学生前往实践基地或校园内的花坛建设区域，进行实地操作练习。

（2）在教师的指导下，学生分组进行花坛建设的各个环节，如土地测量、挖掘土方、铺设花草等。

（3）鼓励学生大胆尝试，积极动手，体验劳动的乐趣和成就感。

3. 安全教育与防护措施

（1）在劳动教育过程中，始终强调安全第一的原则，确保学生的安全。

（2）提供必要的劳动保护用品，如手套、帽子、鞋子等，降低学生在劳动过程中的受伤风险。

（3）教授学生正确使用劳动工具和设备的方法，避免误操作导致意外发生。

4. 团队合作与沟通交流

（1）在劳动实践过程中，鼓励学生之间的团队合作和沟通交流。

（2）通过小组讨论、合作完成任务等方式，培养学生的团队精神和协作能力。

（3）教师及时给予指导和建议，帮助学生解决合作中遇到的问题和困难。

5. 劳动成果展示与总结

（1）完成花坛建设后，组织学生进行劳动成果展示，展示各自参与建设的花坛作品。

（2）通过展示和交流，让学生分享劳动过程中的经验和体会，增强自信心和表达能力。

（3）教师对劳动教育过程进行总结和评价，肯定学生的努力和成果，提出改进意见和建议。

（六）大任务实施，综合应用

1. 分组实践

（1）学生按照设计方案进行分组，每组负责一个花坛的建设任务。

（2）教师为每组分配劳动工具和材料，确保实践的顺利进行。

2. 施工过程

（1）学生根据设计方案进行施工，包括测量土地、挖掘土方、铺设材料等步骤。

（2）教师在实践过程中进行巡回指导，及时纠正学生的错误操作，确保施工质量和安全。

3. 成果展示与交流

（1）完成花坛建设后，组织学生进行成果展示，展示各自设计的花坛并介绍设计思路和劳动过程。

（2）通过展示和交流，增进学生之间的合作与沟通，提高自信心和表达能力。

（七）反思总结，提升能力

1. 学生反思

（1）引导学生对本次学习过程进行反思，总结自己在多边形面积计算、花坛设计和劳动实践方面的收获和不足。

（2）鼓励学生提出改进意见和建议，为今后的学习提供参考。

2. 教师总结

（1）教师根据学生的表现和反馈，对本次教学设计进行总结和评价，肯定学生的成绩和进步。

（2）针对存在的问题和不足，提出改进措施和建议，为今后的教学提供参考和借鉴。

（八）延伸拓展，激发兴趣

课外拓展活动：组织学生参观学校或社区中的优秀花坛设计作品，拓宽学生的视野和思路，并鼓励学生利用课余时间进行花坛的维护和保养，培养责任感和长期维护意识。

通过以上完善的学习过程设计，学生在劳动教育部分能够全面了解和掌握花坛建设的基本流程和技能，通过实践操作体验劳动的乐趣和成就感，培养团队合作精神和协作能力。同时，通过延伸拓展活动，进一步激发学生的学习兴趣和主动性，为未来的学习和成

长奠定坚实基础

七、反思

经过本次"多边形的面积"与建筑、劳动教育跨学科跨学段的教学实践，我深刻认识到跨学科学习对学生全面发展的重要性。通过将数学知识与建筑设计和劳动实践相结合，不仅激发了学生的学习兴趣，还培养了他们的实践能力和创新精神。

在教学过程中，我也发现了一些需要改进的地方。首先，在跨学科知识的整合上，我需要更加深入地研究建筑设计和劳动教育的相关知识，以便更好地引导学生学习。其次，在劳动实践环节，我需要更加注重学生的安全和劳动质量，确保他们在实践中得到真正的锻炼和提高。

此外，我还需要加强对学生的个性化指导，关注他们在学习过程中的差异和需求，为他们提供更加精准的教学支持。同时，我也需要不断反思和改进自己的教学方法和策略，以适应不断变化的教育环境和学生需求。

总之，本次教学实践为我提供了宝贵的经验和启示，我将继续努力探索跨学科教学的有效途径，为学生的全面发展贡献自己的力量。

下 篇

跨学科单元整体设计案例

美术、语文、音乐、道德与法治
跨学科整体设计

深圳市龙岗区横岗街道梧桐学校　　刘丽

一、单元课题

情景交融的都市水墨

二、学习对象

八年级

三、课业类型

造型、表现

四、课标依据

（一）目标

了解美术产生的背景及不同时代、地区的美术特征，知道近现代反映党团结带领人民进行改革开放、城市建设的美术作品，更新课程内容，体现课程时代性。增强对伟大祖国、中华民族的情感，坚定文化自信。同时，选择传统媒介和新材料，探索不同的创作方法，创造性地表达对自然与社会的感受、思考和认识，发展创造性思维能力。

（二）学习活动建议

结合8—9年级学生的身心特点和学习能力，围绕与学生日常生活经验、社会经验相关的美术学习活动及综合化的学习活动，引导学生开展探究性学习、自主学习、合作学习，以及基于问题的学习、基于项目的学习、基于案例的学习和社区服务学习等。在条件允许的情况下，带领学生访问美术家、设计师和工艺师，进行实地考察。

本单元课程注重艺术与生活、社会的关联，学习笔墨线条、皴法、浓淡、虚实、造型、空间、构图等基本知识，并用于描绘深圳的都市生活环境，表达情感。选择各种易于加工的材料，运用拓印、泼洒、托墨、剪贴等方法，进行有意图的创作活动。

（三）评价要点

评价涉及学习态度、过程表现、学业成就等多方面，贯穿艺术学习的全过程和艺术教学的各个环节。积极参与创作、展示等艺术实践活动，并表现出想象力和创造力。在素材收集、创意构思的过程中学会发现并解决问题，提升创意实践能力。创作的作品具有形式美感，并表达出水墨意境、趣味，具有一定的思想、情感。

五、单元目标

（1）了解都市水墨画产生的时代背景，理解作品与城市发展的关系；学习都市水墨创作的方法，完成一幅有笔墨趣味、有主题、有意境的都市水墨画作品；提升对现当代都市山水画作品的鉴赏能力和运用水墨画技法进行主题创作的意识和能力。（审美感知、文化理解）

（2）学习用美术鉴赏四步法鉴赏美术作品的程序与方法，在小组合作探究、自主查阅资料、教师技法指导的过程中，学会运用水墨的媒介、技术和独特的艺术语言进行表达与交流，创作出表现深圳现代化建设的都市水墨画作品的过程与方法；积极参与创作、展示、评价等艺术实践活动，学会发现并解决问题，提升创意实践能力。（审美感知、艺术表现、创意实践）

（3）感受改革开放带来的城市风貌的日新月异的变化，激发学生对深圳城市开拓精神的认同感和自豪感，传承和弘扬中国水墨画，坚定文化自信。（文化理解）

六、学生将会知道

（一）关键知识

（1）四步鉴赏法。

（2）优秀都市水墨画作品的内容、主题及创作的社会、文化背景等。

（3）都市水墨画作品的笔墨技巧、墨色（色彩）、构图、空间、造型等形式语言，具体包括：中锋、侧锋、逆锋的用笔方法，泼墨、泼彩、托墨、拓印的表现手法，焦、浓、重、淡、清等墨色，"三远法"等空间表现方法，目识心记的造型方法等。

（4）都市水墨的主题、情感、意境，并通过空间、虚实、线条等来营造作品的意境。

（二）关键技能

（1）运用鉴赏法鉴赏美术作品的基本流程与方法。

（2）都市水墨用笔、用墨、用色等技法。

（3）都市水墨的空间处理及构图方法。

（4）都市水墨的意境、文化意蕴表达。

（5）自主探究、团结协作、交流研讨的能力。

七、学生将会理解

（1）都市水墨作品与社会文化的关联，理解绘画作品是时代文化的造型载体。

（2）独特的笔墨运用、空间处理、画面意境是都市水墨画与传统水墨画的共同追求，也是区别于西方绘画的重要特征。

八、学生将会做到

（1）能正确运用费德门鉴赏法对现当代优秀都市水墨作品进行赏析，能解读出作品背后所蕴含的主题、思想和意境，并能迁移运用到其他作品的赏析中，并能指导自己的创作。

（2）能搜集体现改革开放中飞速发展的城市图像，进行创作构思，选择适当的技法、色彩、材料，表达社会主义现代化建设的时代精神。

（3）能运用独特的水墨语言，进行个性化的情感表达，营造具有一定诗意的画面意境。

九、大概念

都市水墨作品反映城市的开拓创新精神

十、基本问题

如何用都市水墨语言表现城市开拓创新的主题、情感、意境等时代精神？

小问题：

（1）主题：你能发现深圳城市日新月异的变化吗？

（2）欣赏：优秀都市水墨作品如何表达城市开拓创新的主题、思想、意境？

（3）技法：相比传统水墨，都市水墨有何独特的形式与技法？

（4）构思：如何用都市水墨来表现深圳城市的开拓创新精神？

（5）创作：如何用都市水墨语言更恰当地表现深圳开拓创新的时代精神？

（6）展评：如何通过都市水墨作品展评传递深圳城市开拓创新的时代精神？

十一、学科领域

道德与法治、语文、音乐、美术、社会实践、地理

十二、学科分析

（一）分析本课程性质和特点

本单元的选题背景：其一，清初石涛的至理名言：笔墨当随时代。其二，钱学森在《关于美术的一封信》中提出：我国画家能不能开创一种以中国特色社会主义城市建筑为题材的"城市山水"画？

　　课程内容是用都市水墨的形式描绘深圳的新城新貌，绘画抓住飞速变化中的城市生活环境这个题材，从一个角度反映中国的改革开放，表现社会主义现代化建设中开拓创新的城市精神。本课程以立德树人为根本任务，引领学生在健康向上的审美实践中感知、体验与理解都市水墨画，用都市水墨语言恰当地表现深圳开拓创新的时代精神。着力加强城市开拓创新的先进文化、水墨画这一优秀传统文化的教育；增强文化自信，提升人文素养。

　　课程的学习方式以自主探究学习、小组合作学习为主。在"欣赏—技法—主题构思—创作—展评"的学习过程中，不断发现问题，分析问题，解决问题，实现"知道—理解—应用"的深度学习。让都市走进水墨，让水墨走进都市。

　　（二）分析学生知识与技能现状

　　八年级学生具备一定的审美能力和创造能力。对于都市水墨画的文化内涵、意境具有一定的理解与感受的能力。在水墨画技法方面，学生对于传统国画的笔墨技巧了解层次深浅不一，少数孩子有国画书法基础，大部分孩子对笔墨运用的方法还是非常陌生。

　　（三）总体教学思路

　　本单元课程都市水墨的创新与深圳城市的开拓创新具有相通性，同时，水墨所表达的心境与城市生活的欣欣向荣也有相通性。这就是本单元所围绕的三个关键词：新、欣、心。形式与内容的"新"，表达主题的"欣"，融入作者的"心"。

　　该大单元课程以"探寻水墨心语"与"表达城市新韵"两阶段为课程基本任务，分解为"品水墨作品之意""探都市水墨之技""寻城市变迁之迹""创都市水墨之韵""展城市家园之情"
五个单元小课程,拟通过大单元课程引导学生品读都市水墨绘画中
的主题、情感、意境,学习都市水墨画独特的形式语言,并运用造
型、笔墨、构图等形式语言,进行城市欣欣向荣、日新月异的主题
性创作,并表达出对城市家园的热爱之情。

十三、评价方案

表1 评价方案

教学评一致					
	欣赏25%	技法15%	构思20%	创作25%	展示与交流15%
评价要点	都市水墨作品表达的内容、主题、情感、意境	都市水墨有其独特的形式与技法	用都市水墨来表现深圳开拓创新的城市精神	选用都市水墨语言恰当地表现深圳开拓创新的城市精神	通过都市水墨作品展评传递深圳开拓创新的城市精神
具体表现	欣赏: 能够初步观察画面内容与构图、造型、笔墨、色彩等 能够分析画面内容,解释作品的主题、情感、意境,能够对作品进行自我表达与评价 技法: 初步掌握都市水墨画作品的用笔、墨色(色彩)、构图、空间、造型等方法 构思: 初步学习绘画作品的构思过程与取材 学会从生活中取材,构思能表现深圳开拓创新精神的有主题、有情感、有意境的新"都市水墨图" 创作: 了解都市水墨画作品的创作思路与流程、创作方法 能够创作出表现深圳开拓创新精神的有主题、有情感、有意境的新"都市水墨图"				

具体表现	展示与交流： 能正确、流利表达、交流自己的鉴赏感受 能在教师的指导下构思本小组作品的展示计划并制作完成展示（展示设计、装帧、布展、拆展）

十四、学习任务单

学习任务单1-1

传统中国画与都市水墨画的对比

班级　　　　　　　　姓名　　　　　　　　学号

1.张择端《清明上河图》与卢沉《风雨近重阳》对比欣赏

2.石涛《水静楼阴直　山昏塞日斜》与李可染《上海街景》对比欣赏

任选一组进行分析：笔法、墨法、色彩的相同与不同。

学习任务单1-2

《都市新语　水墨心韵》鉴赏报告

班级　　　　　　　　姓名　　　　　　　　学号

1.张择端《清明上河图》与卢沉《风雨近重阳》对比欣赏

根据教师提供的表现都市水墨作品名称，选择一幅你感兴趣的作品进行鉴适赏。先将作品编号填入表格中，再按照费德门步鉴赏法进行评述。	A．李可染《麦森教堂》	B．卢沉《风雨近重阳》	C.张仃《柏林组画之一》	D.徐希《香港石板街》
	E.李斛《夜战》	F.蔡超《顶梁柱》	G.秦剑铭《蓬勃新姿》	H.吴冠中《新城》
作品编号	描述：你看到了什么？感觉怎么样？（内容、视觉感受）。	分析：如何使你产生这种感觉？（构图、造型、笔墨、色彩等。）	解释：作者想表达什么？（主题、感情、意境）	评价：你喜欢这幅作品吗？为什么？（学生讨论并发表观点，展开辩论。）

学习任务单2

水墨技法探究

班级　　　　　　　　姓名　　　　　　　　学号

1.张择端《清明上河图》与卢沉《风雨近重阳》对比欣赏

根据教师提供的表现都市水墨作品名称,进行水墨探究,用水墨画工具,临摹画面局部的方法。尝试3—6种绘画,方法。画完后交流分享。	A.蔡超《顶梁柱》	B.洪惠镇《历尽沧桑依旧春》	C.李可染《麦森教堂》
	D.关山月《汉水铁桥拖 拉桥梁 速写》	E.张桂铭《火树银花不夜天》	
	选择一种画法交流分享。		

学习任务单3

手绘城市变迁草图

班级　　　　　　　　姓名　　　　　　　　学号

深圳故事

早期的深圳,名叫宝安县,是一个默默无闻的小渔村,人们以打渔为生,收入低微,住着简陋的房子,过着艰苦的日子。此时的深圳,交通不发达,没有工业,没有金融,是个破旧、荒凉的地方。

改革开放后,深圳被划为经济特区,沐浴在改革开放的春风中,深圳的发展速度如雨后春笋,城市建设"一天一小变,三天一大变"。

泥泞不堪的道路,很快就变成了让深圳人引以为豪的深南大道,它贯穿深圳东西,是一道亮丽的风景线;一座座高楼拔地而起,罗湖、福田、南山、蛇口等区域很快形成了繁华的商业圈。深圳从一个名副其实的小渔村,变成了一个灯火通明、热闹非凡的大都市。

1985年的前海　　　　　　　　2020年的前海

你从身边发现了哪些日新月异的变化呢?请用手绘的方式记录下来。(交通、建筑、公小区、学校等)。

以前的样子	现在的样子

学习任务单4-1

摄影与水墨的对比

班级　　　　　　　　姓名　　　　　　　　学号

三远法

宋代的郭熙在《林泉高致》中，对三远法下过这样的定义："山有三远：自山下而仰山巅谓之高远；自山前而窥山后谓之深远；自近山而望远山谓之平远。"三远法，就是一种时空观，以仰视、俯视、平视等不同的视点来描绘画中的景物，打破了一般绘画以一个视点，即焦点透视观察景物的局限。

平远，就是"自近山而望远山"，反映的是一种平视的境界。

高远，就是"自山下仰视山"，反映的是一种仰视所见的巍峨宏伟的山势。

深远，就是"自山前而窥山后"。

中国古代山水画所追求的就是"远"字。

对比摄影与水墨作品，怎样运用三远法构图？

宋玉明《深圳地王》	宋玉明《雨中深南大道》
描述：	描述：

学习任务单4-2

创作思路梳理

班级　　　　　　　　姓名　　　　　　　　学号

A.董小明《水墨都市》、任四四《都市万花筒》、宋玉明《深圳地王》

B.杨晓洋《迷城系列 之一》、邹明《云中相遇》、郭维孪《京基100》

任选一组进行说一说：

艺术家选取了（　　）素材，运用了（　　）空间，采用了（　　）画法，留白处像（　　），营造了（　　）意境，画面给人一种（　　）感觉，表达了艺术家（　　）的情感。

图1　学习任务单

十五、大单元学习计划

表2　大单元学习计划

主题一：品水墨作品之意		概念与术语：四步欣赏法、主题、意境	
学习目标+ 问题设置	教师活动	学生活动	设计意图
知识与技能：了解都市水墨的概念与要素，选择一幅作品完成欣赏报告 过程与方法：费德门鉴赏法—完成欣赏报告—分享观点 情感态度与价值观：体悟都市水墨的魅力，初步体现批判性思维 1.都市水墨为何在深圳这座城市诞生？ 2.都市水墨语言与传统中国画语言有何不同？ 3.都市水墨具有哪些水墨画的基本特征？ 4.透过作品，你看到了作者想表达什么？ 5.你喜欢这幅作品吗？为什么？	1.教师围绕引导性问题展开话题： 在深圳画院的展览中，有一幅画引起了同学们的热议。这幅画是董小明的《水墨都市》。小Q：这幅《水墨都市》怎么模模糊糊的，只能看到中间的地王大厦？小R：不对，你看楼下的深南大道，就像有很多车在穿梭 2.提问：都市水墨为何在深圳这座城市诞生？ 3.都市水墨语言与传统中国画语言有何相同与不同之处？ 4.教师介绍四步鉴赏法，依据课堂小问题与"作品鉴赏报告"，指导学生用该法探究作品 5.分享观点。学生分享自己的观点，进行思维碰撞，并完成评价表，放入学习档案袋	1.在教师指导下按照任务单，先独立自主搜集材料、查阅相关书籍，分析探究作品，然后展开对作品相关背景初步的讨论交流 2.学习四步鉴赏法，并用该法鉴赏该作品，完成"作品鉴赏报告" 3.分享自己的观点，做好学习记录，并放入档案袋	1.情境创设导入，以"看图识景"贴合学生兴趣，增加学习主动性与积极性 2.通过小组讨论赏析，引导学生深入探究作品的内容、技法、主题、感受，在交流、讨论、探究中逐渐提升学生分析、解释、评价作品的能力。利用小问题的引领，指引学生探究问题的方向，引导自主探究问题的深度 3.强调学生为活动主体

续 表

评价方案	学习评价量规1				
	环节	A	B	C	核心素养
	鉴赏	能够从2个部分全面准确阐述构成作品的内容与感受，能阐述构图、造型、笔墨、色彩等形式语言，并能从主题、意境2方面正确阐述作品内涵和艺术特色。	较为准确描述构成作品3—4部分的画面内容，构图形式等。并能归纳1个以上主题、意境、特点。	简单描述画面基本内容。	审美感知、文化理解
	自评				
	互评				
	师评				

主题二：探都市水墨之技	概念与术语：都市水墨、笔墨技法

学习目标+问题设置	教师活动	学生活动	设计意图
知识与技能：了解都市水墨的笔墨技法 过程与方法：仔细观察—练习实践 情感态度与价值观：积极动手实践，形成乐于实践探究的价值观	1.布置学习任务单2，引导学生探究都市水墨的绘画技法 2.教师引导学生提出实践中发现的问题，教师范画，学生观察，学习常用的笔墨技法	1.观看作品聚焦笔墨线条，学习线条的画法，中锋、侧锋、逆锋的运用 2.笔墨游戏初探画法	1.通过初探—学习—再练，实现知识的掌握—理解—应用 2.通过对比分析，让学生感知都市水墨画的独特笔墨语言

主题二：探都市水墨之技		概念与术语：都市水墨、笔墨技法	
学习目标+ 问题设置	教师活动	学生活动	设计意图
1.都市水墨与传统国画看起来感觉有什么相同和不同？ 2.都市水墨的绘画技法与传统国画的绘画技法有什么相同和不同？	3.实践练习 引导学生小组讨论、分析画家是用什么样的水墨技法表现现代都市的？ 学生边讨论边动手试一试，教师分组指导。 （提示学生可以使用老师带来的工具：刷子、尺子、颜料、洗洁精） 分组引导提示： 画家是如何运用中国画的基本技法来表现现代都市的？中国画的骨法用笔是怎么体现的？线面结合、有的先线后面、有的先面后线、还可以尝试其他方法——泼墨与破墨、没骨、青绿 4.欣赏与思考，除了我们课堂上的方法，还有那些方法可以用呢？课件展示拓印、剪贴、肌理，鼓励学生多探究	3.看教师示范，注意观察用笔、用墨、用色的方法 4.实践练习，选取熟悉的城市建筑，运用所学方法进行绘画练习	3.通过实践练习，让学生对水墨技法有切身体会，练习掌握水墨画的笔法、墨法、调色方法及泼墨、泼彩等特殊技法 4.引导学生自主探究，给学生提供图片资料和工具材料，让学生自己摸索，老师给予适当引导，把教师示范放在学生探究的后面，既不给他们一个程式化的框框，又为学生答疑解惑

续 表

主题二：探都市水墨之技		概念与术语：都市水墨、笔墨技法		
学习目标+ 问题设置	教师活动		学生活动	设计意图

评价方案	学习评价量规2				
	环节	A	B	C	核心素养
	技法	能够从传统国画与都市水墨的对比中发现绘画技法的相同与不同。能熟练掌握中锋、侧锋、逆锋3种笔法。能熟练运用浓淡干湿4种墨法。能用2种调色方法和泼墨、泼彩2种创新方法丰富画面效果，营造画面意境	能基本掌握中锋、侧锋、逆锋3种笔法。能运用浓淡干湿4种墨法。能用1种调色方法和泼墨、泼彩2种新方法丰富画面效果	简单用水、墨、色画出一幅都市水墨画	审美感知、艺术表现
	自评				
	互评				
	师评				

主题三：寻城市变迁之迹		概念与术语：深圳故事，城市变迁，手绘		
学习目标+ 问题设置	教师活动		学生活动	设计意图
知识与技能：了解都市水墨的构图方法 过程与方法：对比分析—仔细观察—练习实践	1. 指导学生查阅深圳改革开放的时代背景；教师适时讲授 2.完成主题学习任务单、调查报告等过程性资料（实地考察、博物馆、图书搜查、网络搜索、人物采访、学科学习等）		1.探寻深圳故事，了解改革开放给深圳带来的变化	1.让学生在探寻的过程中，感悟深圳的飞速发展，体会日新月异、欣欣向荣的时代特征

续 表

主题三：寻城市变迁之迹		概念与术语：深圳故事，城市变迁，手绘	
学习目标+问题设置	教师活动	学生活动	设计意图
情感态度与价值观：积极动手实践，形成乐于实践探究的价值观 1.你能发现深圳城市日新月异的变化吗？ 2.你听过哪些深圳故事？ 3.深圳城市为什么变化这么快？ 4.城市的变化带来了哪些生活的变化？ 5.你能用画笔记录下来吗？	开放包容——交通：深圳速度 科技企业——高楼：深圳高度 花园城市——公园：深圳温度 贸易之城——港口：深圳广度 3.发放学习任务单，指导学生用手绘草图的形式，画出城市的变迁。学生根据照片资料，分组完成木炭速写作品 第一组：交通组（开拓组） 第二组：高楼组（创新组） 第三组：公园组（奉献组） 第四组：港口组（合作组） 4.组织学生交流分享	2.参加分组探究活动，完成自己的调查报告。分享"寻迹"成果 3.用手绘草图的形式，画出城市的变迁 4.与同学交流分享手绘草图	2.在思考深圳城市发展背景的过程中，体会深圳开拓创新的城市精神 3.体会城市变化带来的生活的变化，培养学生热爱城市家园的感情 4.通过手绘草图，积累创作素材

评价方案

学习评价量规3				
环节	A	B	C	核心素养
构思	能选择1个城市生活环境进行综合探索，找出本环境带来的3种城市生活变化，在绘制草图时，能将3种生活变化同时体现出来	能选择1个城市生活环境进行综合探索，找出本环境带来的3种城市生活变化，能画出草图	能画出简单的草图。	文化理解、艺术表现
自评				
互评				
师评				

续 表

主题四：创都市水墨之韵		概念与术语：都市水墨画创作、三远法	
学习目标+问题设置	教师活动	学生活动	设计意图
知识与技能：了解创作的方法 过程与方法：在创作的过程中发现问题–分析问题–解决问题 情感态度与价值观：积极动手实践，形成创新意识和创造能力 1.哪一幅画更能表现毛主席《十六字令·三首》的诗词意境？ 2.都市水墨画作品跟摄影作品有什么不同呢？ 3.艺术家的创作思路是什么样的呢？ 4.如果以"穿山越岭"和"纵横交错"为主题来创作，你准备怎么画呢？选择什么素材？运用什么构图？采用什么画法？营造什么意境？表达什么感情？	1.情境导入 请看我的手所指的方向，在靠窗这边的展架上，挂着同学们临的传统山水作品，在靠门这边的展架上，挂着同学们学习新水墨技法的作品。从传统走向当代，走到今天，我们要做什么呢？我们要做自己，用我们的心灵来创作都市水墨作品 2.感受诗意与画意 朗诵：《十六字令·三首》，毛泽东1934—1935 配乐：《长征组歌》 提问：大家能感受到这首词中的意境吗？高峻、气势、力量。画家用水墨画表现过这首词的意境，他们是怎么画的呢？ 出示图片：傅抱石《十六字令·山》词意，创作于1958年，何海霞《毛主席诗意图》，创作于1972年	1.进入学习情境，明确学习任务 2.朗诵诗词，感受诗词、音乐、绘画的情感与意境 3.完成"学习任务单4-1"，学习水墨画构图的三远法 4."学习任务单4-2"，像艺术家一样思考，读懂艺术家的创作思路 5.看教师创作，理论与实践逐步结合 6.创作《深圳之歌》，并用画笔描绘	1.承前启后，进入新的主题学习 2.运用艺术作品的通过，让学生感受诗意与画意 3.通过步步分解，让学生逐步突破穿过的难点，了解三远法的空间处理方法 4.用填空的方式，帮助学生梳理创作思路 5.以"穿山越岭"和"纵横交错"为例进行创作示范，在对比中继续深化理解 6.将所学方法运用于创作，体验"像艺术家一样创作"的过程，实现知识的迁移

主题四：创都市水墨之韵		概念与术语：都市水墨画创作、三远法	
学习目标+ 问题设置	教师活动	学生活动	设计意图
5.你能结合上节课的手绘草图来进行创作吗？	对比：哪一幅画更能表现毛主席《十六字令·三首》的诗词意境？ 3.布置"学习任务单4-1"，组织学生分析摄影与绘画的不同 4.布置"学习任务单4-2"，组织学生分析艺术家是怎样综合运用技法、构图、意境来进行创作的？ 5.教师示范"穿山越岭"和"纵横交错"，引导学生边看边想：创作过程中，什么比较重要？创作先立意。引导学生有意识地创作 		

续 表

主题四：创都市水墨之韵		概念与术语：都市水墨画创作、三远法	
学习目标+ 问题设置	教师活动	学生活动	设计意图

学习目标+ 问题设置	教师活动	学生活动	设计意图
	教师范画《穿山越岭》步骤图 6.教师布置任务：模仿《十六字令·三首》，写作《深圳之歌》，并用画笔描绘 7.教师巡视指导，解决问题，帮助学生形成较好的画面效果		

评价方案

学习评价量规4				
环节	A	B	C	核心素养
创作	能综合运用"三远法"组织画面空间，能综合运用4种以上笔墨技法，创作出表现深圳开拓创新精神的有主题、有情感、有意境的新"都市水墨图"	能运用"三远法"中的2种方法组织画面空间，能综合运用2—3种笔墨技法，创作出表现深圳开拓创新精神的"都市水墨图"	创作画出简单的表现深圳开拓创新精神的"都市水墨图"	审美感知、艺术表现、创意实践
自评				
互评				
师评				

193

续 表

主题五：展城市家园之情		概念与术语：展示与评价，传递建设美好家园的情感。	
学习目标+ 问题设置	教师活动	学生活动	设计意图
知识与技能：了解展览的策划与布置 过程与方法：在策展过程中，懂得主题与展示形式的关系 情感态度与价值观：体验成就感，形成对建设城市家园的情感 1.都市水墨展览的构成要素有哪些？ 2.如何策划展览？ 3.如何分工才能各尽所长，高效合作？学习过程版面如何展示？作品悬挂怎样布局安排？ 4.从哪些方面进行评价？ 5.宣讲可以为展览的感染力增加什么效果？宣讲什么内容？	1.学校都市水墨主题展即将举行的情境导入 2.策展 视频观看都市水墨展，分析展览的构成要素：主题、海报、前言、展品、标签、灯光…… 指导学生策划"都市新语 水墨心韵"活动(含线上线下)，每组可选取艺术展演、主题宣讲等形式进行展评 3.布展 如何分工才能各尽所长，高效合作？ 学习过程版面如何展示？ 作品悬挂怎样布局安排？ 第一组：交通组（开拓组） 第二组：高楼组（创新组） 第三组：公园组（奉献组） 第四组：港口组（合作组）	1.学生整理学习成果，添加自己在学习过程中的研究照片、感悟。策划展览，展示作品与成果 2.小组分工合作，完成展览的布置 3.邀请学校校领导、师生出席活动 4.完成宣传报道	1.关注教学评的一致性与核心素养形成的连续性，实现育人价值 2.重视学生个性化、多样化的学习和发展需求，设置多元的展评方式 3.展示学习过程是一个总结与反思的过程，也是版式设计的实践运用 4.班级同学共同鉴赏，提升学生的欣赏、表达意识。促进交流，传递家国情怀和创新意识

续 表

主题五：展城市家园之情	概念与术语：展示与评价，传递建设美好家园的情感。		
学习目标+问题设置	教师活动	学生活动	设计意图
6.云展览和宣传报道有什么作用？怎样让更多的人了解都市水墨作品？	4.评价 从哪些方面进行评价？立意、布局、虚实、意境、版面设计、小组表现。组织学生正式举办"都市新语 水墨心韵"艺术展览和主题宣讲会 5.活动后，指导学生使用微信公众号、美篇等平台进行宣传报道		

评价方案	学习评价量规5				
	环节	A	B	C	核心素养
	展评	能策划完成1个"都市新语 水墨心韵"作品展，能有1件都市水墨作品参加展览，能将6张学习任务单、3张学习照片等学习过程性资料展示出来。能参与10件作品的评价与投票。能参与1次主题宣讲，能参与1次作品拍卖会活动	能有1件都市水墨作品参加展览，能将3张学习任务单、1张学习照片等学习过程性资料展示出来。能参与5件作品的评价与投票。能参与1次作品拍卖会活动	能有1件都市水墨作品参加展览，能将1张学习任务单等学习过程性资料展示出来。能参与1件作品的评价与投票	审美感知、文化理解
	自评				
	互评				
	师评				

美术、语文、历史跨学科整体设计

深圳市龙岗区华中师范大学龙岗附属中学　闫瑞彬

一、课标分析

（1）《普通高中美术课程标准》（2017年版2020年修订）（以下简称《课标》）中提到美术学科的核心素养主要包括图像识读、美术表现、审美判断、创意实践和文化理解五个方面，是美术学科核心育人价值的体现。本单元的教学设计，以美术核心素养为依据。

（2）新课标的课程结构中提出普通高中课程方案的要求，采用必修课与选修课相结合的形式，增加课程的选择性。美术鉴赏课作为必修课，鉴赏课的学习要借助图像，学生以此获得知识和信息，也能表达思想和情感，了解作品所处时代和民族的文化特征。

二、单元设计思路

借助当下旅游城市大火的音乐剧表演，设置真实情境问题——为《虢国夫人游春图》乐舞表演编写宣传册。学生以小组为单位，以任务为驱动，分组展开探究式学习。

　　首先结合历史资料，总体感知唐代的社会背景和精神风貌，通过唐代经典作品的初步感知，对唐代的艺术风貌形成初步感知。接着分组探究画面中哪里体现了 "游春" 的场景，从色彩、人物神情、骏马、构图几个方面感知画面氛围，体会唐代自信、乐观、开放的时代特征。其次设置场景——寻找 "虢国夫人"，先分析诗文，通过诗句解读 "虢国夫人" 的性格特征和精神气质。学生小组再分别从面部表情、头饰妆容、服饰、构图、线条等分析画面，理解中国人物画 "传神写照" 的艺术特征，进而深入感知理解唐代雍容华贵、自信大气、乐观开放的时代特征和精神风貌。学生在学习的过程中，学会用描述、分析、解释、评价的方法鉴赏作品。

　　最后学生结合本节课所学，小组合作，为乐舞表演《虢国夫人游春图》写宣传册，评选最佳设计。

三、教学目标

　　（1）学生能够通过解读分析《虢国夫人游春图》，了解中国人物画的特点，分析作品是通过哪些形式传神写照，并反映一个时代的文化特征和精神风貌的。

　　（2）学生在探究学习《虢国夫人游春图》的过程中，培养学生合作探究、分析解决问题的能力，落实美术核心素养，促进学生的全面发展。

四、大观念

　　中国人物画不仅传神写照，也反映一个时代的文化特征和精神风貌。

五、基本问题

（1）唐代艺术是在什么样的社会背景产生的？

（2）《虢国夫人游春图》所描绘的场景给了你什么样的感受？

（3）你认为画面中谁才是真正的虢国夫人？从画面哪些方面体现出来的？

（4）《虢国夫人游春图》展现了唐代什么样的时代特征和精神风貌？

六、大任务

古都西安准备筹划一系列的大型历史剧"梦回大唐"来展现大唐昌盛大气的精神风貌，其中一个剧名为《虢国夫人游春图》，是根据唐代画家张萱的国画作品《虢国夫人游春图》为版本设计的乐舞表演，现在请你来做编导，为这场表演写宣传册。

思考下：如何设计宣传册才能展示出我国大唐的盛貌？

七、评价量规

（1）能运用整体观察的方法，感受《虢国夫人游春图》的造型、色彩、神情、布局等形式特征；并能用语言文字或图像表达自己的审美感受；能从文化角度理解美术作品。

（2）能运用整体观察的方法，识别比较《虢国夫人游春图》的造型、色彩、神情、布局等形式特征；能用描述、分析、解释、评价的鉴赏方法评价美术作品；能从文化角度分析理解不同时代、不同民族的文化艺术特点。

（3）能运用整体观察的方法，辨析中国人物画中的造型、色彩、神情、布局等形式特征，能用描述、分析、解释、评价的鉴赏方法有主见地评价美术作品，并获得审美经验；能从文化角度分析研究不同时代、不同民族的文化艺术特点。

八、教学过程

（一）主题一：看图说图 唤起视知觉

1. 小问题

（1）你印象中的唐朝是什么样子的？

（2）翻阅历史，说说唐代艺术的社会背景是怎样的？

（3）这种历史背景下对美术产生了哪些影响？

（4）你知道哪些唐代的艺术作品，你喜欢吗？为什么？

（5）《虢国夫人游春图》描绘了什么场景？给你的感受是什么？

2. 学生将知道

解读图像除了画面本身也要结合时代背景。

3. 学生能理解

图像是可以传递信息表达感受的。

4. 学生将能做

学生可以通过查阅历史资料和感知图像，分析一个朝代的时代特征。

将图像传递出来的感受用美术语言表述出来。

5. 活动

活动一：真实问题情境导入

接到一个任务，马上迎来旅游旺季，古都西安准备筹划一系列

的大型音乐剧 "梦回大唐"，用来展现大唐昌盛大气的精神风貌，
吸引游客。其中一个剧名为《虢国夫人游春图》，是根据唐代画家
张萱的国画作品《虢国夫人游春图》为版本设计的乐舞表演。现在
请你来做编导，为这场表演设计宣传册。

我们来思考下：如何写才能通过这个表演展示出我国大唐的
盛貌？

活动二：初识大唐

（1）学过历史，请说说唐朝给你的印象是什么样的？（或者说
唐代是一个什么样的朝代？）

（2）播放视频，重回大唐。

（3）翻阅历史资料，说说唐代的社会背景是怎样的？

（国家统一 国势强大 政治宽松 经济昌盛）

（文化繁荣　思想开放　外交频繁）

（4）这种历史背景下对美术产生了哪些影响？

a.艺术高速发展，题材广泛宗教、人物、山水、花鸟、鞍马等。

b.技法成熟多样，作品数量增多。

c.人物画开始转向现实生活，出现了专门描述贵族女性的现实
生活的绘画，仕女画得到重大发展。

（5）唐代有哪些经典作品？你能列举出来吗？列举所知的唐代
作品，说说感受。

活动三：初观画面，描述感受

（1）视频播放《虢国夫人游春图》，引导学生观赏。

图1　《虢国夫人游春图》　唐　张萱　51.8×148cm　绢本设色

（2）构图形式——长卷，从右向左。

（3）学生根据课前搜集的资料，介绍作者张萱和这幅画的信息，了解画作的背景。

（作者张萱、宋代摹本、三月三"上巳节"）

（4）说说：画面描绘了什么场景？给你什么感受？

活动四：品味细节，分享故事

（1）同桌相互交流，根据画面说说描述了一个什么样的情景？都有谁，一起去干什么？什么季节？氛围是什么样的？

（2）老师和其他同学对学生的描述进行点评。

小结：

画面非常形象生动地向我们展示了唐代宫廷妇女踏春游玩的场景，人物形象生动自然，那么你又从哪里看出是春天呢？到底谁是虢国夫人？我们下节课继续……

（二）主题二：感知画面氛围——"春"在哪里

1.小问题

（1）生活中的"春天"是什么样子的？

（2）你会如何表现或描绘"游春"的场景？

（3）《虢国夫人游春图》实名"游春"，却无花香草木，那么画面是如何体现"游春"这一主题的？

（4）作品"游春"这一主题的呈现，从侧面向我们展示了唐朝的什么信息？

2. 学生将知道

（1）艺术来源于生活，画面中的形象与场景都可以在生活中找到痕迹。

（2）艺术高于生活，它是画家精心的经营和布局。

3. 学生能理解

艺术作品中的艺术语言都是为了画面主题思想服务。

4. 学生将能做

通过分析画面的艺术语言，理解画面的艺术美，并通过艺术作品，理解作品背后的深层含义。

5. 活动

活动一：回顾旧知，引入新课

大唐是一个什么样的朝代？这些特征是如何呈现在艺术作品中，形成了作品的哪些特点？

活动二：生活中感知"春天"

（1）春天有什么特征？

（2）小组讨论：让你描述"游春"主题，你会如何表现？（文字或图像）

（3）分组汇报"游春"场景或画面。（文字或画面展示）

活动三：提出问题，引发思考

（1）设疑：《虢国夫人游春图》实名"游春"，却无花香草木，那么画面是如何体现"游春"这一主题的？

（2）小组探究：春到底体现在哪里？

（3）小组派代表汇报学习结果，其他小组成员补充。（色彩、服饰、骏马、人物神情、画面布局）

活动四：

（1）画面中"游春"这一主题的呈现，从侧面向我们展示了唐朝的什么信息？

（2）小组讨论，全班分享。（通过"游春"主题，展示了唐代的精神风貌是：富裕、太平、自信、开放）

（3）感受画家的精心经营和布局，解读阐释画面背后的深层含义。

总结：

本节课，我们结合自身实际生活经验，小组同学从色彩、服饰、人物神情、鞍马、画面布局等几个方面解读画面信息，体会出《虢国夫人游春图》的"游春"这一主题画家是如何巧妙呈现的，那么画面中谁又是主人公"虢国夫人"呢？把这个问题留给我们下节课。

（三）主题三：图像释读——谁是虢国夫人？

1. 小问题

（1）谁是"虢国夫人"？

（2）诗人笔下的"虢国夫人"有哪些特点？

（3）如何从《虢国夫人游春图》中找到虢国夫人？你的依据是什么？

（4）《虢国夫人游春图》反映了唐朝什么样的时代特征与精神

风貌？

（5）如何用描述、分析、解释、评价鉴赏的四步法鉴赏作品《虢国夫人游春图》。

2. 学生将知道

"传神写照"是中国人物画的重要特征。

3. 学生能理解

（1）画面的艺术语言是为了表达人物的情感和性格特征。

（2）艺术作品可以反映一个朝代的时代特征和精神面貌。

4. 学生将能做

能用美术用语表述作品的艺术特征，可以通过画面分析解读画面中人物的性格和精神气质。

通过分析艺术作品，可以理解作品背后所隐含的时代意义和历史价值。

5. 活动

活动一：解密第一步——身份

（1）学生发现问题，提出疑问：虢国夫人是谁？她在哪里？

（2）学生介绍自己了解到的虢国夫人应该是什么样？什么样的身份？什么样的性格？该如何寻找？

活动二：体会诗人笔下的虢国夫人？

（1）分享你了解到有关虢国夫人的诗句有哪些？

（2）合作探究：通过杜甫的诗句，分析虢国夫人的性格特征。

《虢国夫人》

（唐）杜甫

虢国夫人承主恩，平明上马入金门。

却嫌脂粉涴颜色，淡扫蛾眉朝至尊。

《丽人行》（节选）

（唐）杜甫

三月三日天气新，长安水边多丽人。

态浓意远淑且真，肌理细腻骨肉匀。

绣罗衣裳照暮春，蹙金孔雀银麒麟。

（3）总结：虢国夫人的性格特征：

爱骑马——喜欢素颜——自信从容——个性洒脱

活动三：传神写照

（1）布置任务：不仅诗文能描述虢国夫人的性格特征和风采，图像能更形象全面地展示人物特点，我们一起从这张画中，解读一下虢国夫人的风采吧。

（2）解读图像，找线索——

线索一：马匹

线索二：C位（画面布局 前松后紧）

线索三：表情、发饰、服饰（喜欢素颜 面容饱满圆润）

线索四：性格仪态（爱骑马，自信洒脱）

（3）分组领取任务单，每小组从一个方面去寻找踪迹，破案——到底谁才是真正的虢国夫人？

（4）小组选出代表汇报破案结果，并说出你们的依据。对照诗文中的特点，有理有据。

活动四：品味艺术语言

（1）根据刚才寻找"虢国夫人"的线索，我们能发现唐代绘画作品有哪些艺术特点吗？

（2）从色彩、线条、人物形象、画面布局四个方面展开分析，小组合作，完成相关学案。

色彩——典雅富丽、装饰性强

线条——用线纤细、圆润秀劲

形象——丰腴圆润、雍容华贵

布局——疏密有致、错落自然

活动五：深度思考，意向表达——关联作品与时代

（1）引导学生透过这张《虢国夫人游春图》，去窥探出唐朝的时代特征和精神风貌，学生畅所欲言，大胆说出自己的感受。

（2）思考：雍容华贵、自信大气、乐观开放是如何通过作品去呈现的？

"游春"主题、服饰、神情、线条、色彩、布局等。

（3）请用描述、分析、解释、评价四步法完成《虢国夫人游春图》的鉴赏过程。

a.描述：画面中你看到了什么？有什么感受？

b.分析：画面哪些地方给了你这些感受？

c.解释：画家通过这张作品，想要表达什么？

d.评价：你认为这是一张优秀的作品吗？为什么？这张作品的历史价值是什么？

（4）欣赏唐代同时期的其他人物画作品，横向对比，感受同一时代作品的相通性。得出结论：中国人物画不仅可以传神写照，也可以反映一个时代的文化特征和精神风貌。

图2　唐代的人物形象

活动六：回到生活，点亮思维

（1）总结：通过这节课的学习，我们深度学习了张萱的这幅《虢国夫人游春图》，这幅作品不仅有着很高的艺术价值，而且通过画面向我们体现了唐朝雍容华贵、自信开放、乐观的精神面貌。

（2）小组同学合作，为《虢国夫人游春图》写宣传册，要求：条理清晰、语言优美、表述精确、特点鲜明，可以图文结合。

活动七：评价展示

（1）分享展示：小组派代表分享小组探究成果，可以从立意、构思、过程、呈现几个方面进行分享展示，小组成员可以补充，其他小组也可提问。

（2）艺术评价阶段：

a. 小组之间相互评价打分。

b. 教师评价，小组同学自评。

c. 量化评分：打分投票。

（3）综合几种评价结果，最终评选出《虢国夫人游春图》宣传册的最佳方案。颁发"最佳设计奖"证书。

九、教学反思

本单元的教学是以唐代画家张萱人物画《虢国夫人游春图》为主题，开展教学活动，采用大单元教学，以现实情景问题为驱动，从解决基本问题、小问题入手，层层递进，带领学生探究学习中国人物画"传神写照"的艺术特征，并从艺术和文化的角度分析研究我国唐代雍容华贵、自信大气、乐观开放的文化艺术特点。整个教学设计框架合理、逻辑清晰，学生通过本单元的学习不仅获得美术知识，掌握美术鉴赏的方法，并能主动交流自己的观点和看法，并对各种美术现象进行分析和判断。

数学、劳动跨学科整体设计

深圳市龙岗区龙城高级中学（教育集团）宝龙外国语学校　方婷婷

一、单元说明

《认识更大的数》是北师大版小学数学四年级上册第一单元，它是对学生之前所学的数的认识的一次重要拓展。随着学生数学学习的深入，他们所接触的数的范围逐渐扩大，亿以内、亿以上的大数成为他们必须掌握的知识。本单元的教学旨在帮助学生建立起对大数的概念，掌握大数的读写、大小比较、数的组成等基本技能，进一步发展数感，为后续的数学学习打下坚实的基础。

二、素养目标

通过本单元的学习，学生应达到以下素养目标：

（1）数学知识与技能：学生能够准确读写亿以内、亿以上的大数，理解数的组成，能够正确进行数的大小比较，掌握大数的估算方法。

（2）数学思维：学生能够运用所学知识解决简单的实际问题，

培养逻辑推理能力和空间想象能力，发展数感和数学建模能力。

（3）数学情感与态度：激发学生对数学学习的兴趣和好奇心，培养主动探究和合作学习的精神，提高自主学习能力，形成积极的数学情感态度。

三、大概念

大概念：数的认识是一个不断扩展和深化的过程，通过掌握大数的读写、比较和组成，学生能够更好地理解数的本质和规律，进而培养数学素养和解决问题的能力。

四、大任务设计

（一）大任务："探索大数的奥秘"

任务描述：学生将扮演数学探险家的角色，通过一系列挑战任务，深入探索大数的奥秘，发现大数的魅力和应用价值。

（二）任务内容

（1）挑战一：大数迷宫探险。学生需按照数的大小顺序穿越迷宫，途中需解决与大数相关的谜题和障碍。

（2）挑战二：大数宝藏搜寻。学生需根据线索寻找隐藏的宝藏，宝藏的数量和价值与大数有关，需运用大数的读写和比较知识。

（3）挑战三：大数世界建模。学生需利用所学的大数知识，构建一个模拟的大数世界，包括城市人口统计、资源分配等。

五、评价量规

为确保学生能够达成学习目标，本单元设计了以下评价量规：

（1）知识掌握：能够准确读写亿以内、亿以上的大数，理解数的组成，正确进行数的大小比较。

（2）技能运用：能够运用所学知识解决简单的实际问题，如进行大数的加减运算、理解生活中的大数应用等。

（3）思维能力：在解决问题的过程中，展现出良好的逻辑推理能力和空间想象能力，能够独立思考并找到解决问题的有效方法。

（4）情感态度：积极参与课堂活动，乐于与同学交流合作，对数学学习保持浓厚的兴趣和好奇心。

六、学习过程设计

（一）创设情境，导入新课

通过展示大数在生活中的应用实例，如国家的人口数量、GDP总量等，引导学生感受大数的存在和重要性。同时，设计互动游戏或活动，如"大数接龙""大数猜猜看"等，让学生在轻松愉快的氛围中初步接触大数的读写和比较，激发他们的学习兴趣。

（二）自主探究，学习新知

学生自主阅读教材，了解大数的读写规则、数的组成等基本知识。教师提供适当的引导和辅助材料，帮助学生理解并掌握这些知识。同时，设计小组合作活动，让学生共同探讨大数的读写方法和数的组成规律，互相展示和纠正学习成果。

（三）合作交流，共同提高

组织学生进行小组讨论，分享自己在学习过程中的疑惑和收获，共同解决遇到的问题。教师巡视指导，及时解答学生的疑问，引导学生深入思考大数的特点和规律。此外，开展小组间的交流展示活动，让学生互相学习、互相评价，共同提高大数的学习效果。

（四）实际操作与练习

设计多种形式的读数练习，如看卡片读数、听录音读数、小组竞赛读数等，帮助学生熟练掌握大数的读写方法。同时，设计数的大小比较练习和数的组成练习，让学生巩固所学知识，提高解决实际问题的能力。此外，结合生活实例设计估算练习，培养学生的估算能力和数感。

（五）拓展延伸与游戏

（1）引导学生探索更大数的读写方法，了解科学计数法等表示大数的方法，拓宽学生的数学视野。同时，介绍大数在各个领域的应用，如科学研究、经济分析、数据处理等，让学生感受大数的实际应用价值。最后，设计拓展性作业，如让学生调查并收集生活中的大数信息，编写一篇关于大数的数学日记或报告，培养学生的数学应用能力和实践能力。

（2）我设计了一个互动游戏——数学大冒险：大数探险之旅

① 游戏目标

a. 加深学生对大数的读写、组成及大小比较的理解。

b. 培养学生的逻辑思维能力和快速反应能力。

c. 激发学生的数学学习兴趣和团队合作精神。

② 游戏准备

a. 准备若干写有大数的卡片，每张卡片上的数字大小不同。

b. 准备计时器或秒表。

c. 划分游戏区域，设置起点和终点。

d. 将学生分成若干小组，每组4—5人。

③ 游戏规则

a. 每组选出一名队长，负责带领队员进行游戏。

b. 游戏开始时，各组队员从起点出发，依次抽取一张大数卡片。

c. 队员需准确读出卡片上的大数，并说明其组成（即各个数位上的数字）。

d. 读数和说明组成正确后，队员将卡片交给队长，队长负责比较各队员手中的大数大小，并按照从小到大的顺序排列。

e. 排列完成后，队长将卡片交给下一位队员，该队员需将卡片上的大数与其他组的一名队员手中的大数进行比较，并判断谁的大。

f. 比较结果正确后，该队员继续前往下一个地点抽取新的大数卡片，重复上述步骤。

g. 若在任何一个环节出错，该组需暂停5秒钟作为惩罚。

h. 率先完成所有任务并到达终点的小组获胜。

④ 游戏拓展

a. 可以增加难度，如设置复杂的障碍物或谜题，要求队员在解题过程中运用大数知识。

b. 可以引入更多的大数运算，如加法、减法或估算等，丰富游戏内容。

⑤ 游戏反思与分享

a. 游戏结束后，组织学生进行反思和分享。

b. 让学生谈谈自己在游戏中的收获和体会，如哪些环节容易出错、如何快速准确地读写大数等。

c. 教师根据学生的反馈，总结游戏效果，提出改进意见，为下一次游戏做好准备。

通过这个游戏，学生可以在轻松愉快的氛围中加深对大数的理解，同时提高团队协作和解决问题的能力。游戏过程中，学生需要运用所学的数学知识进行判断和决策，从而培养数学思维和快速反应能力。

（六）劳动教育环节——大数花园设计与建设

1. 设计背景

将数学知识与劳动教育相结合，通过设计与建设"大数花园"，让学生将大数的认识与实际应用相结合，培养他们的劳动技能、团队协作能力和环保意识。

2. 活动目标

（1）加深对大数概念的理解，将数学知识与现实生活相联系。

（2）培养学生的劳动技能，如测量、规划、种植等。

（3）提高学生的团队协作和沟通能力。

（4）培养学生的环保意识和责任感。

3. 活动准备

（1）准备必要的劳动工具，如铲子、水壶、测量尺等。

（2）准备花卉和植物种子，供学生种植使用。

（3）划分花园区域，为每个小组分配任务。

4. 活动过程

（1）花园规划

学生根据花园的实际情况，运用大数的知识规划花园的布局，包括种植区域、道路、休息区等。

确定每种花卉或植物的种植数量，并计算总数量，体会大数的实际应用。

（2）分工合作

学生分组进行花园建设的任务，如挖坑、种植、浇水等。

每组学生需按照规划进行工作，确保花园建设顺利进行。

（3）劳动实践

学生亲自动手种植，学习正确的种植方法和技巧。

在劳动过程中，学生需要注意安全，遵守劳动纪律。

（4）环保教育

教师引导学生了解花卉和植物的生长习性，培养学生的环保意识。

强调花园的维护和保养，让学生了解长期维护的重要性。

5. 活动成果展示

学生展示花园的建设成果，介绍种植的花卉和植物种类及数量。

分享在劳动过程中的体验和收获，以及团队合作的经历。

七、反思

通过本次《认识更大的数》跨学科跨学段的教学实践，我深刻体会到将数学知识与劳动教育相结合的重要性。学生在参与"大数花园设计与建设"的过程中，不仅加深了对大数概念的理解，还提高了劳动技能和团队协作能力。同时，他们也学会了珍惜劳动成果，培养了环保意识和责任感。在今后的教学中，我将继续探索更多有效的跨学科教学方法和策略，为学生提供更加丰富多彩的学习体验。

语文、美术跨学科整体设计

深圳市龙岗区新梓学校　　谢锋俊

一、单元说明

本文以《天净沙·秋思》为例，尝试把美术融入语文课堂教学。

（一）背景分析

古代诗歌的教学任务，在初中阶段，应调动各种教学手段，引导学生朗读、背诵作品，理解作品大意，初步赏析艺术手法，激发学生对古代诗歌的热情。小学阶段的诗歌学习，主要以教师引导为主，通过教师的引导，体会诗歌的基本氛围，理解诗歌的基本内容，以启发形象思维为主。而中学阶段的诗歌学习则"把富有特征的景物直接组合在一起"是形象思维、抽象思维兼具的艺术手法。

（二）内容分析

《天净沙·秋思》用白描手法勾勒出这样一个景象：深秋的黄昏，一个风尘仆仆的游子，骑着一匹瘦马，迎着一阵阵冷飕飕的西风，在古道上踽踽独行。他走过缠满枯藤的老树，看到即将归巢的幕鸦在树梢上盘旋；他走过横架在溪流上的小桥，来到溪边的风户人家门前，这时太阳快要落山了，自己却还没有找到投宿的地方，迎接他的又将是一个漫漫长夜，不禁悲从中来，肝肠寸断。

本词堪称景中有情，情中有景，情景巧妙融合的经典之作。

二、素养目标

语文课程标准提出："拓宽语文学习和运用的领域，注重跨学科的学习和现代科技手段的运用，使学生在不同内容和方法的相互交叉、渗透和整合中开阔视野，提高学习效率，初步养成现代社会所需要的语文素养。"

在新课标大力提倡学科融合的背景下，如何实现语文学科与其他学科的有效融合，是一线教师迫切思考的问题，尤其初中语文较多的古代诗词，学生学起来比较乏味，也较难理解，那么，如何提高学生学习古代诗词的兴趣，更好地理解古代诗词内容呢？不难发现，这些诗词往往画面感强，大多用情景交融的艺术手法表情达意，因此，诗画相融，文学与艺术的学科融合，应该是一种不错的方法。如何实现语文与美术的"跨学科"融合教学，多角度激发学生的兴趣，让学生在充满乐趣的课堂上学习古诗词，以取得更好的教学效果，值得广大教师探讨。

大概念1：了解诗歌大意，感受诗歌意境，体会沦落他乡的游子那内心彷徨、漂泊羁旅之苦。

大概念2：诗画结合，在理解诗意的基础上配上适合诗情的图画，进行个性化创作，激发学习古诗的兴趣。

大概念3："诗中有画""画中有诗"，通过古诗配画的创作，使文学和艺术有机地结合，进一步培养创美能力，提高学生的艺术素养。

三、评价设计

（1）诗画结合，在理解诗意的基础上进行个性化的创作，给诗歌配上适合诗情的图画。

（2）通过古诗配画的创作，使文学和艺术有机地结合在一起，进一步培养创美能力，提高学生的艺术素养。

四、过程设计

（一）导入新课

古人说："诗堪入画乃称妙"，好诗就像一幅好画一样，"诗中有画，画中有诗"。今天，我们就尝试用一种有趣的方法来学习古诗。

（1）以"有趣的方法"引起学习好奇心，让学生明确学习目标，展示学习目标——以诗作画。

（2）检查课前预习，了解诗人及写作背景。

（二）感悟意境

（1）学生自由朗读《天净沙·秋思》，初步感知内容。

（2）这首词一字一景，前三行列举了哪些景物？渲染了怎样的氛围？

（3）你从哪些地方读出了词人的孤寂、悲凉、思乡之情？

（4）用自己的语言描述这首小令的画面。

（5）请你想象画面，给这首小令另拟一个小标题。

（6）"夕阳西下，断肠人在天涯"在文中有何作用？

（三）以诗作画

笼罩在苍茫暮色中的枯藤、老树、乌鸦，呈现出一派萧瑟凄凉的景象。昏鸦归巢反衬出游子的漂泊无所归宿。小桥流水旁的人家虽然简陋清贫，却有亲人团聚的天伦之乐，反衬出有家归不得的悲苦。

这首词，将许多相对独立的事物融入一个画面之中，从而形成动与静、明与暗、背景与主体相互映衬的画面。

（1）你认为"以诗作画"要根据诗中的什么来构思？

（2）讲述"以诗作画"的构图技巧，考虑：主体、背景、远景、近景。

（3）请根据本诗的意境自行创作一幅情景交融的画。

提示：

景物：枯藤、老树、昏鸦、小桥、流水、人家、古道、西风、瘦马、夕阳、人。

图画：枯藤老树昏鸦在秋风萧瑟中一派灰暗；落日的余晖涂上一抹金黄的色彩；小桥流水旁一派宁静安详；漂泊异乡的游子孤寂独行。

注入绘画的元素，不仅能使学生更好地提高学习兴趣、掌握诗意，更能培养学生的创新意识和实践能力。尊重学生的个性差异，发挥所长，自选喜欢的题目，完成创作。

（四）作品展示

展示画作，交流分享，教师适当评价，鼓励学生的积极性。

（五）分享交流

分享学习心得，了解学生对"以诗作画"这种方法有何感受？

对比常用的学诗方法，以便更好地开展古诗教学。

（六）作业布置

给《观沧海》这首诗配上一幅情景交融的画。